唤醒孩子的内心

做点亮孩子心灯的智慧父母

崔 进

编著

民主与建设出版社

·北京·

© 民主与建设出版社，2023

图书在版编目（CIP）数据

唤醒孩子的内心：做点亮孩子心灯的智慧父母 / 崔
进编著. -- 北京：民主与建设出版社，2022.12

ISBN 978-7-5139-4098-6

Ⅰ. ①唤… Ⅱ. ①崔… Ⅲ. ①家庭教育 Ⅳ. ①G78

中国版本图书馆 CIP 数据核字（2023）第 019918 号

唤醒孩子的内心： 做点亮孩子心灯的智慧父母

HUANXING HAIZI DE NEIXIN ZUO DIANLIANG HAIZI XINDENG DE ZHIHUI FUMU

编　　著	崔　进
责任编辑	周佩芳
封面设计	尚世视觉
出版发行	民主与建设出版社有限责任公司
电　　话	（010）59417747　59419778
社　　址	北京市海淀区西三环中路10号望海楼E座7层
邮　　编	100142
印　　刷	香河县宏润印刷有限公司
版　　次	2022年12月第1版
印　　次	2023年3月第1次印刷
开　　本	710mm×1000mm　1/16
印　　张	14
字　　数	200千字
书　　号	ISBN 978-7-5139-4098-6
定　　价	58.00元

注：如有印、装质量问题，请与出版社联系。

前 言

随着社会发展的不断进步，儿童教育越来越被重视。2022 年 1 月 1 日，《中华人民共和国家庭教育促进法》正式实施，这是国家首次以立法的形式来促进家庭教育的科学化、法治化。作为"法一代"的家长，如何把孩子培养成为未来合格的建设者和接班人，是我们需要着重思考的问题。

父母在家庭教育中承担着主体的责任，教育孩子养成良好的思想、品行和习惯促进孩子全面、健康成长。简单地说，家庭教育是以生命影响生命的过程，是以心灵点亮心灵的成长，是以品格传递品格的行动，是以智慧启迪智慧的无私。初为父母，我们都是在实践中不断摸索和探究，调整与孩子和谐相处的模式，以科学、有效的方法助力孩子健康快乐地成长。身为父母，要肩负起责任，将孩子培养成为祖国未来的建设者和接班人。

孩子是纯真的，他们纯净的内在随着外在的丰富而一点点地健全起来。这是一种由内而外的成长。当孩子们用一双双灵动的眼睛去打量世界时，他们的思想、判断以及所有善恶的辨别就在父母和老师的影响下一点点树立起来。

或许在起初，孩子根本不知道为什么，只要按照大人所说的去做就行了；或许有些时候，孩子对事物还没有深刻的认识，便随着惯性开始朝着一个熟悉又陌生的方向前进。对于每一个孩子来说，他不知道自己的明天会遇见什么，也不知道究竟该如何正确地回应这种遇见，而这就是父母站在他们身边的意义，父母作为他们人生旅途中的指明灯和良师益友，与他们共同成长。

很多父母经常抱怨说孩子看待事物的角度有问题，但是每当他们反观自己时却又发现，那些所谓的对错，通过孩子的视角被颠覆以后，突然间被赋予了不同的意义，这是自己从来没有发现和没有意识到的。当这些不同的看法在孩子的世界里产生作用，形成不一样的认知时，就会左右他们的思想，影响他们的生活。这时父母才发现，原来对孩子的养育始终都是由内而外的。在孩子的成长过程中，父母所要做的不仅仅是给予孩子最好的外在物质条件；还要帮助孩子丰富他们的精神世界，走进孩子的内心，探寻孩子行为背后的动机，了解孩子的思维模式，用合适的教育方式去帮助和引导他们。这样才能从真正意义上消除父母与孩子沟通的障碍，让孩子以开放的心态去接纳父母，愿意和父母一起畅聊，一起分享他们拥有过的快乐或悲伤。

鲁迅先生曾说："父母存在的意义，不是给予孩子舒适和富裕的生活，而是当你想到你的父母时，你的内心就会充满力量，会感受到温暖，从而拥有克服困难的勇气和能力，以此获得人生真正的乐趣和自由。"

本书从孩子的内心出发，以心理学的角度，阐述了孩子由内而外成长的过程，也提出了适时有效的引导方法。书中收集、整理了很多父母在生活中遇到的各类难题，并将这些难题作为经典案例进行了列举和剖析。读者可以通过这些案例，从另一个角度去了解孩子的内心世界，并去观察他们表现在外的问题，由内而外地找出孩子出问题的原因，进而合理、准确地去应对和解决。

其实教育孩子，本身也是父母自身的另一种成长，孩子的出现意味着父母生命中多了一个角色，也多了一个看待世界的视角。我们终究要陪伴着他们一点点长大，在他们经历一切的过程中，我们要做到用正确的思想、科学的方法来引导孩子养成良好的品行和习惯，帮助孩子积极应对成长中遇到的各种问题，为孩子健康成长创造良好的家庭环境。

最后，希望本书能成为父母帮助孩子成长的有效助力，给父母或孩子提供更多元的思考和选择，让父母可以牵着孩子的小手，与他们更为默契地行走在成长的道路上。

作为父母，或许您现在有很多问题，也或许过去您曾遭遇过这样或那样的疑惑和顾虑，但请不要着急，要明白，孩子的成长是循序渐进的，现在就让我们一起打开这本书，从这一刻开始，试着由内而外地去教育和引导我们的孩子吧！

目　录

第三章 亲密与独立，建立和谐的亲子关系

第四章 内置化丰满，最好的教育在家庭

第五章 内驱力，父母与孩子共同成长

第六章　拥有成长型思维的孩子挫败复原力更强

第七章　因材施教，培养儿童自律能力

第十一章　正面管教，让孩子拥有发展式的成长

第一章
做有准备的父母，让孩子快乐成长

　　从宝宝一声啼哭落地之时，我们就有了一个新的身份——父母，我们的肩上也多了一份沉甸甸的责任。只有提前做好功课，了解孩子成长阶段的特点，才能更加从容地面对孩子成长路上的问题。只要父母不打盲目仗、准备充分、用对方法，在孩子遇到困惑和烦恼的时候，就不会手足无措。

三重门和三个维度空间

作为父母的我们，需要陪伴一个小生命从咿呀学语到蹒跚学步，从学会自主进食到独立解决问题，这一系列的成长与蜕变，正是生命发展的一场奇妙旅程，父母们要一步一步地见证孩子们的成长，参与并成就其成长。

每个家长都希望自己的孩子拥有美好的未来，他们或许会成为敢为人先的科学家、杰出的企业家、文采飞扬的作家……而在当下，他们还只是需要依偎在父母臂弯里的孩子，我们需要为他们的人生注入更多的能量，让他们的生命逐渐丰盈，让他们的精神更加富足，让他们形成自己正确的判断、拥有明确的理想，然后有能力去跨越成长路上的沟沟坎坎，有实力从容面对人生的风风雨雨，最终实现身心的真正强大。

那么，想要孩子能披荆斩棘、智慧前行，父母们该如何帮助他们呢？

我们要做有"底气"的父母，要知道教育是面对未来的。最好的教育不只是道德与认知方面，还需要父母多维度地去了解和掌握孩子成长历程的具体特点，这样在遇到问题和困惑时，父母才能帮助孩子提高幸福感。

从儿童发展心理学的定义来说，孩子的成长历程主要分为以下三个维度。

1. 生理发展阶段

随着年龄的增长，不同时期、不同阶段的孩子，身高、体重、大脑和激素水平都在悄然发生变化，动作变得敏捷，语言也变得更精彩，眼中世界充满了未知的神秘和活力。

2. 认知发展阶段

这里指的是孩子智力方面的发展。此时，他们对外界的注意力、记忆力以及语言表达能力都有了显著提高，他们开始更清晰地表达自己的需求和想法，同时也开始下意识地去记忆或关注很多东西，并全然地沉浸其中。

3. 社会性与情感的发展阶段

这个时候，孩子开始与社会产生了关系，会下意识地去了解和观察身边的人，并开始认同一些人或排斥一些人。在这个判断的过程中，他们不仅能认识自我，也是其建立人际关系的开始。他们开始学着与更多的人交流、发展友谊、分辨是非对错、树立道德底线，让自己的行为更符合正确的社会标准和价值观。

对孩子的成长而言，这三个维度是紧密连接缺一不可的，它们互相促进、彼此交织、催化发展，并逐渐形成了孩子成长的完美体系。作为父母，如果我们能提前了解这个过程，就会惊喜地发现，原来在这每一个阶段中，我们能做的事情有很多，例如丰盈孩子的精神、强大孩子的内心、树立孩子正确的三观等，增强孩子应对困境的能力，使他们能更好地应对困境，增强他们的斗志，建立他们对未来的期许，为孩子的情感与心理健康发展打下坚实基础。其实，这就像人生历程中必须经历的"三重门"，每一重门的背后，都藏着父母的良苦用心。父母们就这样站在孩子的身后，见证着每一重门后的惊喜，当孩子们的眼睛里闪烁出耀眼的光辉时，父母们内心的喜悦是无以言表的。

在每一重门中都有孩子要完成的任务，作为父母的我们，要提前做好哪些功课呢？

在生理发展阶段，最需要父母做的事情是给孩子补充营养，帮助他们拥有强健的体魄。父母要鼓励孩子多锻炼，和他们一起探索世界，源源不断地激发他们面对这个世界的活力。建议家长可以多和孩子做互动游戏，特别是提高行动力的技能游戏，这样既有助于强健身体、开发大脑潜力，还能增进他们对这个世界的了解，从而更进一步激发他们的创意灵感。

在认知发展阶段，需要父母不断地提升孩子的记忆力和创造力，这是一个脑开发的重要过程，也是不断和孩子互动交流的过程。在这个过程中，我们最重要的是学会运用互动交流的智慧，比如可以多借助有趣的故事，潜移默化地引导孩子学习很多东西，或者可以通过对故事情节的反复演绎，既增强孩子的记忆力，还能使其获得成就感。我们可以和孩子一起关注他们感兴趣的领域，并告诉他们这个领域内有哪些出色的人物，发生了什么奇妙的故事，无论是人文、历史，还是一些科普故事，越生动地描绘就越能强化他们的记忆。久而久之，孩子们会开始对身边的很多事情产生兴趣，会思考并提出问题，而求知的欲望会促进孩子对这些领域知识的丰富和深化，可以越发地让他们体验到世界的丰富多彩。

在社会与情感能力的发展阶段，孩子们会感觉自己玩儿没意思，甚至有点儿孤单，迫不及待地想拥有更多玩伴，于是他们开始主动与外面的小朋友产生社交关系，然而在交际的过程中，肯定会产生惊喜或失落。这时候，就需要父母进行引导，帮助他们赢得更多友谊的同时，使其明白一些做人的道理。比如，父母可以跟孩子交流拓宽朋友圈的方法，帮助他们与吵架的小朋友握手言和，让孩子知道怎样成为最容易相处的人，怎样把握好社交的主心骨，积极地帮助别人的同时，又不至于对任何人产生依赖。这些社交的技巧和方法，拿出来和孩子一起讨论，都能帮助他们更好地建立友谊。

每一个阶段中父母要做的事或许看起来微不足道，但把这些细节串联起来，就会发现，我们所做的陪伴和正确的引导都会让孩子受益终身。而父母与孩子之间这些点滴的相处日常，日后回忆起来将是一个特别美好的故事，也是孩子长大后值得回味的经历。

当父母的爱与智慧同行时，你就能惊奇地发现，孩子们在你们有形或无形的培养中拥有了自由的精神、独立的思想、高尚的人格，这足以让他们未来的人生充满力量并收获成功的喜悦，这也是身为父母者此生最值得欣慰的事情。

成长的烦恼，可都不是小事情

不知道多少孩子是听着这样的歌长大的："小小少年，很少烦恼，眼望四周阳光照……一年一年时间飞跑，小小少年在长高，随着年岁由小变大，他的烦恼增加了……"很多父母觉得，孩子成长中的那些烦恼都是幼稚的表现，算不上什么大问题，但是倘若我们能静下心来认真思索它们存在的原因，就会发现，孩子的很多烦恼都是非常值得推敲的。

曾经有一部名叫《刺猬的优雅》的电影，讲述了一个年仅 11 岁的女孩，因为觉得生活了无生趣、看不到未来，所以想在自己生日当天以自杀的方式结束生命。而她之所以留给了自己富裕的时间，是因为不想就这样随随便便地死去，她想给这个世界留下点儿什么，于是每天都围绕着一台摄影机。在整部影片里，小女孩的世界充斥着淡淡的忧伤、绝望以及一系列琐碎的烦恼。荒谬的是，她的父母并没有意识到她的变化，依旧像往常一样生活，每天的日子一如既往地平静，没有任何人察觉出小女孩的情绪，也没有人关注这个幼小的生命每一天都在思考什么、内心在经历着什么。

无独有偶，曾经有一位幼儿园园长讲述过自己的一段亲身经历：

当时我正在给中班的孩子上课，像往常一样，我询问每个孩子的理想，孩子们纷纷举手发言，说起了自己未来想做的事，有的想当飞行员，有的想当科学家，有的想成为作家、医生……这都无可厚非，但是轮到一个小女孩的时候，她的回答着实给了我一个惊叹号："人生有什么好过的，活到最后还不是一个死嘛！对我而言，长大并没有什么意义，我长大以后，就是想跳楼自杀。"听到这样的话，你能想象我当时惊讶的神情吗？我嘴巴张得老大，紧张地问道："亲爱的，你到底在家里都经历了什么？"

后来我找到她的父母，询问这个孩子到底在家里经历了什么，为什么会有这么悲观的想法。可孩子父母一脸纳闷儿的样子说："她在家一向都很乖，甚至很少说话，说话也是跟自己心爱的洋娃娃在那里自言自语，我们都觉得她跟自己玩得很开心，所以从来不去刻意打扰她。""那她为什么会在表达理想的时候说出那么悲观的话呢？"我问道，"她还只是个孩子，怎么就这般消极厌世呢？""你这么一说我想起来了，"孩子妈妈说道，"她确实很关注电视里一些自杀的镜头。有一次我看到她在自己的屋子里模仿，便问她在干什么，她马上恢复了常态，说没什么，只是在跟自己玩儿。""天啊！"我大声叫道，"这实在是一个太可怕的开始，你家宝宝的危险烦恼开始了！你们必须设法干预，尝试着成为她的玩伴儿，而不能只在她身边，根本不知道她每天在想些什么。"

听到我的话，孩子父母也变得焦虑紧张起来，他们知道，这绝对是很严重的事情。真的没想到，自己家洋娃娃一样的女儿，这么小的年纪就有了这样可怕的想法。人生没有意义，从生到死，这样的烦恼成年人思考起来都会吓人，更不要说这么大点儿的孩子了。

于是这对父母开始尝试着跟孩子沟通，没有责备，没有强势，只是针对生死的问题用自己的方式来缓解她的烦恼。父母对孩子说："如果长大以后的理想就是跳楼自杀，孩子，那你有没有想过你会失去什么？""失去什么？"女儿摆弄着洋娃娃问。

妈妈说："你将看不到手中的洋娃娃，也将再也看不到爸爸妈妈，一切你所爱的事物都会从你的世界消失，你每个星期都要去的游乐园，也将不复存在。那时候就是你孤零零的一个人，没有意识、没有思想、不能再行走，甚至很可能还会遇到很多不可预期的问题，而爸爸妈妈没法儿帮你，因为爸爸妈妈还没有经历。就死亡这件事，那还是一段很遥远的路，我们需要一点点地去理解它，而不是在自己本应享受美好生活的时候，用它来终结一切。"听到死亡会给自己带来这么多麻烦，小姑娘流下了眼泪："我不想死了，死太可怕了！"

"但这也没必要成为你的另一项烦恼。"爸爸说道，"因为你还有足够长的时间投入生活，电影有开头、有结尾，你现在连头都没开，过分地想结尾有什么意义呢？现在对于我们的乖女儿来说，最需要的是更好地享受生活。"之后，爸爸妈妈经常带着女儿出去玩儿，让她全然感受世界的美好，避免她无意识地接收到负面信息。很快，他们发现女儿爱上了音乐，并信誓旦旦地说："未来我想成为一名音乐家！"

孩子成长的烦恼往往会在不经意间左右他们对待人生的观念，这个时候就需要父母提起高度的警觉，及时与孩子探讨交流。我们可以成为一双善于倾听的耳朵，一边提出问题，一边感受孩子的世界。我们可以将这种沟通变成有趣的游戏，在孩子的滔滔不绝中探听虚实，一旦发现一些特别的症结，就要快速采取措施予以疗愈干预，这样才能保证孩子朝着良性的方向成长。

总而言之，成长无小事，孩子面对生活的任何困惑与烦恼都需要父母认真对待，倘若我们始终对他们的烦恼一无所知，一旦问题开始严重，再想弥补就为时过晚了。养孩子如同精心培育花草一样，家长希望它能开出什么样的花、结出什么样的果，就要朝着这个方向努力，想要 90 分的孩子，家长就要付出 120 分的努力。

锁定症结，有备无患巧出招

你是否也经常感觉到自己在批评孩子时总说不到点子上，明明孩子在探索世界，我们却觉得他们在给自己添麻烦。每当孩子稍有动作的时候，作为父母的我们就会咆哮起来："你能不能少给我闯点儿祸啊！"可此时的孩子，面对我们的暴跳如雷，却是一脸困惑，他们根本不知道问题出在哪里，反而觉得父母有这样激烈的情绪实在太奇怪了。

当然也有一部分父母出于对孩子的疼爱，总试图把孩子的责任转嫁到别的地方。比如床沿磕到孩子的脑袋，孩子因为疼痛哭泣，父母会瞬间拿起扫把狠狠地敲击床沿，嘴里还振振有词地说："你看看你，把我家小宝贝都弄哭了，看你下次还敢！"于是在潜意识中，孩子就开始产生这样的意识分析，生活中发生的事一旦出现问题，责任都在于别人，而不在于自己。

这看似解放身心的逻辑细思极恐，我们不妨设想，如果这样的逻辑一直延续到孩子长大，那么日后他们面对突如其来的问题时，会采取怎样的方式面对呢？是拿出挑战的勇气，还是第一反应是把责任推脱给别人？从成人社会的视角看，我们会更愿意接受谁而排斥谁呢？种下了因，通过意识就酿造成了异样的果。当孩子长大后出现了性格或行为偏差时，有些父母找不到症结所在，其实早在那些看似无心的举动中埋下了因果的种子。

因此，作为父母，我们首先要成为一个能洞悉症结的人，需要精准地把握自己给孩子传递的信息，不仅要规范他们的行为，还要增强他们的责任意识。在问题产生时，我们要帮助孩子形成分析、解决、应对问题的能力，而不是逃脱问题。这是一种自然的情景代入，也是作为父母对孩子最有爱的真情投入。

　　森森今年 5 岁，有一次妈妈带她出去玩儿，她不小心绊到石头摔了一跤。因为疼痛，她顿时坐在地上哭闹起来，然后把渴望同情的眼神投向了妈妈。妈妈看了看森森摔伤的地方，又看了看森森说："宝贝，还好吗？妈妈给你吹一吹，看看那些疼痛的小地方都安静了吗？""妈妈，我被这个该死的石头绊倒了。"森森指着石头愤愤地说。

　　"哦，是这样啊，妈妈知道原因啦。"妈妈一边说一边捧着石头问道，"'石头石头，你出现在这里多久了？''啊，很久了啊！''你是不是特意在这里等着绊倒一个孩子啊！''真冤枉我了，是有一个工人叔叔把我遗留在这儿，我就一直静静地躺在这儿。''哦，那么说，是因为这个小朋友没有看到你才摔倒的啊！''嗯，是这样的。我看到她跑过来，可是我自己又不能动，所以她一脚踢到我身上，自己就摔倒了。''嗯，那你并不是要负完全责任的人哦！''嗯，对的对的，谢谢妈妈明察秋毫。'"在完成这样自问自答的对话后，妈妈把石头放下对森森说："宝贝，妈妈查清楚了，这件事是因为你没有看到路上的石头，所以才摔倒的。那么，责任是不是在于，你没有低头把路看清楚啊！"

　　"妈妈……"森森见势头不对赶紧撒起娇来。妈妈说："看来你已经知道真正的问题在哪里了，下面就让我们来看看以后怎样才能避免这样的事情发生。你看你看石头又说话了：'其实一开始我距离森森是十万八千里的，她只要低头看我一眼就完全能躲开，我使劲儿地喊，离我远一点儿，结果她就是没听见，看来我的声音她是听不见的，能不能不摔跤也完全是由她自己把握的。'"

森森听着妈妈的话，慢慢停止了哭泣，并对妈妈说："石头真的这么说吗？""当然，妈妈刚才跟它说的话，你应该都听见了啊！"妈妈说道，"宝贝，告诉妈妈，下次再出来玩儿首先要记住什么？""不乱跑，看着脚下的路，躲开石头。"森森说道。妈妈说："对嘛，那如果妈妈带森森在马路上走的时候，森森要不要乱跑啊？""不要！"森森说道。"为什么啊？"妈妈问。"因为马路上的车开得太快了，我把握不了。""对，森森真是太棒了，妈妈给你点赞鼓掌，一会儿我们去吃个冰淇淋吧！"

其实，一个小小的情景代入就能很好地树立孩子的正确信念，我们只需要帮助孩子以客观的方式看待问题，责任与担当也就自然能在心中开花结果。这时父母还需意识到，过分地指责或安慰都没有意义，一定要戳中问题的核心，然后与孩子一起分析问题，在满心关爱的同时，还要理智面对。孩子在这样有爱的正确引导下，错误的观念很快就会被转变，这或许就是父母对孩子最好的初始教育，也是赋予他们人生最好的礼物。

放大格局，该出手时再出手

有的父母觉得孩子年龄还小，让他做什么事都不放心，只能自己亲力亲为；有的父母对孩子过于宠爱，什么事都不用孩子去做，自己大包大揽。于是孩子成了家中的"小祖宗"，除了必要的学习功课以外，什么都不需要他做。

直到有一天，父母发现孩子漫不经心地说："妈妈，我鞋带又开了，帮我系一下。""爸爸，我渴了，帮我倒杯水。""妈妈，我衣服放哪儿了找不到了。"……这时候，父母才突然意识到，原来孩子已经将所有能做的事都转移给了父母。这样的"包办心理"让孩子渐渐丧失了独立自主的能力，长大后很可能成为别人口中的"巨婴"。不仅如此，孩子过于依赖父母，日后会习惯性地寻求庇护。在他们心里会认为，无论发生什么事情，都会有别人来帮忙，根本不用付出思考和行动。这该怎么办呢？

其实，教育孩子这件事儿，父母一定要放大格局。换言之，就是尝试着对孩子遇到的小麻烦视而不见，让他去独立思考并主动解决。有时候，父母的包办反而会阻碍孩子迈出独立的脚步。当孩子毫无头绪地寻求帮助时，我们要做的是站在背后给他鼓励或提出建议，而不是直接上手替他去完成。父母也要时刻提醒自己，可以做孩子生活中的军师，在他迷茫时适当地出谋划策，绝不是做一个时刻跟在他身后的保姆。我们要培养孩子成为社会的个体，具有独立的生存能力。

涛涛从小在蜜罐里长大，童年不知愁滋味的他，在家里可谓"衣来伸手，饭来张口"，什么事都不用他做，他认为自己每天的任务就是玩心爱的玩具。有一天，因为喜欢的玩具不见了，涛涛大发雷霆，甚至把自己所有的玩具都一股脑儿地扔到了地上。他冲爸爸妈妈大吼大叫："我的钢铁侠哪儿去了？你们给收拾到什么地方去了？"

看到涛涛一副小霸王的样子，爸爸妈妈心里很来气，于是商量要团结起来好好教育一下他。爸爸妈妈笑盈盈地对涛涛说："涛涛啊，玩具是不是应该由主人负责呢？你那么喜欢它，为什么不知道它在哪儿呢？既然玩具凌乱了，不如自己动手给玩具分类，把它们放在该放的位置上，这样一旦玩具逃跑了，你就能第一时间发现，对不对？""我不听，我就要钢铁侠，你们给我找去。"涛涛开始撒起娇来。

爸爸说："钢铁侠昨天说了：'涛涛一直都不珍惜我，每次和我做完游戏，就把我随手一扔，所以我很生气，我决定让他找不到我、让他着急，这样下次他和我做完游戏，就不会把我到处乱扔了。'""真的是这样吗？"涛涛问道。"那还有错嘛！"妈妈说道，"不止它一个，好多玩具都这么说呢！所以涛涛一定要行动起来，做个样子给玩具朋友们看，这样以后你们才能在一起更好地玩耍啊！"

听了爸爸妈妈的话，涛涛沉默了，他默不作声地开始整理手中的玩具，把自己喜欢的玩具分门别类地整理好，摆放在小房间固定的位置上。不一会儿工夫，他惊喜地跑到爸爸妈妈身边说："我找到钢铁侠啦！他终于现身啦！""哦，看来他又开始想要跟你在一起玩了。"爸爸说道，"他现在跟我说：'嗯，现在涛涛的房间井然有序了，我很欣慰，我们终于可以更好地玩游戏了，看来他是在意我的呢！'"

从那以后，爸爸妈妈开始慢慢放手，让涛涛自己整理房间、收拾用品，让他自己去探索世界，同时锻炼他独立处理事情的能力。经过一段时间的锻炼，涛涛不仅能有条不紊地打理好自己的生活，还对理财、时间管理等工具产生了浓厚的兴趣，他说："其实这些都是有益的游戏工具，每天在它们的陪伴下去规划生活，踏实又有意思。"

由此看来，只要父母放手，孩子就会很自然地付诸行动，因为问题就在眼前，如果不付诸思考力和行动力，自己很难过关。若要孩子独立，父母必须要放大格局，给孩子不断尝试和试错的机会，在他们需要的时候，在他们一筹莫展的时候，再给予适当的指点。

我们需要孩子拥有自主地面对生活的能力，拥有遇见困难不退缩的勇气。日常中的小事对他们来说就是一次又一次生活的历练，而整体教育的理念，就是要随时随地坚实孩子的内心，既让他们感受到父母深深的爱和关怀，又能在自我实践中收获更多的成功和勇气。

权衡利弊，心中的杠杆不能丢

现在市面上孩子的玩具五花八门，受孩子追捧的漫画书也是数以千计。逛街时，孩子只要看到这些琳琅满目的玩具和图书总要驻足停留，既然孩子喜欢，父母多半都会妥协，要么允许他玩几个小时，要么允许他挑上一两件买回家。

或许父母们觉得玩具、漫画书都是孩子这个年龄段需要的，只要他们乖乖地在家里玩儿、不吵闹黏人，父母就能有更多时间做自己的事情。从某种角度来说，玩具、图书、网络真的能解决成年人很多现实问题，既能充盈孩子的业余生活，还能解放父母双手。

然而，我们必须要认清，这些有趣的事物都是一把双刃剑，需要父母心中有一根杠杆，权衡好利弊。比如孩子遇见问题需要解答时，父母就往往直接把他往网络上引："电脑上不是都能查吗？有问题自己去找答案。"原以为这样能锻炼孩子自主解决问题的能力，但如果你静下来缜密地进行思考，就会发现这里面存在太多隐患。

所有的玩具都有那么神奇的功效吗？开发孩子的智力和思考力的同

时，还不影响其身心健康吗？漫画书中的内容，父母们都筛选过吗？所有的情节设定都适合孩子阅读吗？当孩子开始接触网络的时候，弹窗中突然出现不堪入目的成人内容怎么办？即便家人们坐在一起看电视，你确定荧幕上的内容就适合孩子观看吗？

因此，我们真的需要权衡一下利弊，仔细地思考一下这个问题，孩子每天接收到的内容，其实一定程度上都是父母可以控制的。这个时候，如果你只为缓解自己的压力，而没有权衡这方面的利弊，那么对于孩子来说，那些诱惑和垃圾内容对精神产生的毒害可能是无法想象的。

豆豆今年5岁，认识的人都觉得他的心理年龄比实际年龄成熟，这种"小大人"般的感觉让他成为别人眼中博学多识的孩子。豆豆的出色表现令爸爸妈妈很高兴，他们还给豆豆买了更多他喜欢的书；为了能丰富他的知识，还为他购置了一款最新型的掌上电脑，希望这些东西能在父母忙碌的时候更好地陪伴豆豆，同时拓宽他的知识面。

可时间一长，爸爸妈妈发现豆豆有点儿不对劲，从交谈中他们发现，现在豆豆特别关注班上的女同学，而且总在谈论她们的时候说："菲菲是我的大王妃，莉莉是我的二王妃……她们都是我的媳妇。"起初，爸爸妈妈还觉得童言无忌，但时间一长妈妈还是察觉出豆豆的状态有些超龄。于是她和豆豆谈心，想要了解在他的世界中到底发生了什么。

后来，妈妈才知道，原来豆豆用掌上电脑查资料的时候，经常会弹出很多让他好奇的对话框，里面有古装言情的游戏，还有一些成人内容的信息，豆豆怀着好奇心就会点进去看，渐渐地这些东西开始吸引豆豆，他每天都会花时间去看，好像上了瘾一样。

妈妈被眼前的真相惊呆了，心想："我的孩子只有5岁啊！这些弹出来的内容实在对孩子荼毒不浅。"于是，从那天起，妈妈做了一个重要的决定，但凡是豆豆接触的东西，无论是书籍、玩具、动画片，自己必须要先审阅一番，判断一下内容是否有益身心。同时，妈妈在电脑上装了拦截软件，能过滤掉一些不适宜儿童观看的信息。妈妈还给豆豆立下一个规矩，只有在爸爸妈妈在家的时候，豆豆才能使用掌上电脑，查询的内容也要提前告知父母。

对于互联网、漫画书、玩具，在孩子的世界里，不过是满足他们好奇心的一种探索。到底其中隐藏着什么危险和诱惑，孩子对此没有任何判断。这时就需要父母们提前做好功课，比如玩具最好选益智类的，购买图书时先浏览目录内容等。总之，对孩子们要接触的一切事物提前做出筛选和把关。

这可能会是一场艰难而有爱的选择之旅，需要花费一些时间，付出更多的精力，但是作为父母，只要孩子的身心能得到净化，付出再多都是值得的。孩子在探索知识时，家长也要做好引领和陪伴。

第二章
多角度设计，让育儿观变得完整

　　每个孩子都是独一无二的个体，父母要善于发现孩子身上的特点，注重个性化培养。我们还要不断地完善自己的育儿观，在孩子每一个成长的关键阶段，做一个正确的引导者，多角度去开发孩子的潜力，释放其天性，让他们有更多的机会去发挥自己的优点。

发现特质，培养个性

有这样一位女性，本来有很体面的工作，事业和生活堪称完美，在别人眼中，上天恩赐给她的东西实在太多了，她是别人眼中的女神、白富美、一个受到上帝垂爱的女人。直到有一天，她怀孕了，为了更好地教育孩子，她毫不犹豫地辞去了年薪百万元的工作。

老板对她说："其实你可以坚持一下的，毕竟这么可观的收入，不是到哪儿都能寻到的。"她笑笑说："我知道，但工作不是唯一的，我对孩子来说是唯一的，我想调动我所有的一切哺育他长大，带着他去领略世界更多的美好。我要沉下心来好好思考，如何能够让孩子拥有一个快乐的人生，但前提是，他必须找到最贴合的个性。"

或许很多人听到这样的话，会既感动又摇头，为孩子辞掉这么好的工作，是不是太莽撞了？但当有人问及她教育孩子的想法时，她竟然激动地说了很多："虽然我的孩子还没有来到这个世界，但是我的世界已经和他的世界紧密联系在一起了，这么多年的生活让我懂得了很多道理，我迫不及待地想与他分享，想要帮助他塑造出最完美的个性。"于是有人问她：

"怎样才算塑造出完美的个性呢？"

这位准妈妈是这样说的：

"我会带他去吃小吃店的小笼包，告诉他这顿美味只需要十几块钱。我会带他盛装去高级餐馆用餐，一边教会他礼仪，一边告诉他这一切他都值得拥有。我会让他自然地在小笼包与高端盛宴之间游走，让他在这个过程中看淡一些东西、拥有一些东西。我会带他开展各种各样的体育锻炼，强健他的体魄，磨炼他的意志。我会带他全身心地投入一幅画作，哪怕无人鼓掌，他也能专注到最后。我会带着他将所有的赞美、名誉视作游戏，告诉他这一切可以拥有，但只用来玩玩就好。

"我会让他尝试自己创造财富，将手里的每一分钱都当作培育希望的种子。我会让他独立面对挑战，而自己站在一边为他摇旗呐喊。我会鼓励他自己站起来，即便是在生活中面临瓶颈，也要鼓励他调动自己的智慧去解决问题。我还要他意识到我早晚会老去，过分的依赖没有任何意义，相反，有些时候我同样也会有不知所措的无力，这时我们需要达成谅解、相互扶持，度过生命中的那些沟沟坎坎。我会让他拥有一些朋友，总是能够在某些领域比他高明，这样他才能在高手如云的人堆里不断精进。

"我会带他看日出，也会带他看晚霞，如果可能的话，我还会带他看人间各式各样的风景，然后下意识地将一切装进他的设着密码的日记里，那是我与他之间最美的回忆。他会是一个见过世面的孩子，不会在别人执着的时候执着，也不会在别人贪婪的时候贪婪，他会保持内心的警觉和畏惧，但他生活中的样子，却是平和坦然的。

"我会是他的知己，会是他生命中最亲密的战友，我们会一起发现问题、解决问题，将一切看成是生命中最美的游戏。当然，我们还会做更多有意思的事情，不断地发现、不断地寻觅。他是我生命中最重要的人，而我也将是他此生最信任的母亲。我需要更多的时间练习这一切，即便失去了工作，为了这个即将出生的小宝贝，也值得！"

听完这些话，不知道同为父母的你会作何感想，曾经有一位母亲说："在孩子还是孩子的时候，我需要源源不断地将优秀的特质传授给他，让他反复磨炼，直到这一切成为他生活中最自然的习惯。从1岁到22岁，我会教会他很多东西，帮助他更好地将特质作用于人生。而当他真实的个性养成以后，当他有一天成了高过我半头的小伙子，我会鼓励他拿起旅行箱，独自踏上人生的旅程，那时候我会对他说：'孩子，往前走，别回头，富足的资本就是你自己，是非的标准你已了然于心，现在可以放开手去做自己想做的事了，无论你为自己做怎样的决定，妈妈都会支持你！'"

每当想起这些感人的话，内心总会深受震撼，在孩子成长的不同阶段，倘若每一位家长都能带着如此的深情投入孩子的特质塑造中，那对孩子而言，必然是受用终身的。或许作为成年人，我们常常会因为孩子的到来而放弃生活中的很多东西，但对于这个延续我们生命的人来说，我们有责任将他塑造得尽善尽美。

其实，孩子人生最初的部分多半是由父母填满的，我们是他来到这个世界后看到的第一个人，也是陪伴他时间最长的亲密的人。我们需要把自己的经验传授给他，同时也将那些美好的期待一点点渗透进他的生活。我们需要让他更好地了解世界，也需要帮助他更深入地了解自己。因为唯有这样，内境和外境才能保持统一，孩子才能秉持个性，从而在这个世间享有最丰盛的人生和最特别的自己。

观念把关，帮助孩子树立正确的三观

现在的很多孩子小小年纪就欲望强烈，生活中的优越感让他们无形中产生了错误的三观。曾经有一个孩子口出狂言："我生来就是享福的，是统治世间的王者，世界必须向我看齐，我可以拥有它的一切。"可就人际关系而言，世界可不吃这套，当三观不同的孩子站在一起，如果此时你的小宝贝过分强势的话，那是很容易招来反抗情绪的。作为父母的我们，如果这时能够及时采取行动予以干预，结果就会很不一样。

楠楠是家中的小暴君，用他自己的话说："我生来就是统治天下的王者，这个世界的一切都是我的臣民，都是来为我服务的，我要他们干什么，他们就得干什么！他们必须听从我的命令，否则就会遭受惩罚。"

起初，父母觉得孩子还小，当下的行为不过是跟着动画片情节进行的模仿，所以没有在意，直到发生了一件特别的事情，父母终于意识到，倘若再不把儿子的三观纠正过来，他后续的人生可能会出大问题。

一次，妈妈带着楠楠出去玩儿，这时候身边来了一些小朋友，大家分享着玩具，玩儿得不亦乐乎。本来想鼓励儿子多和小朋友接触接触，可没想到儿子过去以后，表现却是一个"惊叹号"！

"现在你们都得听我的，把玩具都交出来，交到我身边，你们的一切现在都归我来安排了。"楠楠大声说道，"如果你们有所抗拒，后果是很严重的。"看到不知道哪儿来的暴君，小朋友们都一脸惊奇。这时候，终于有个小男孩站出来说道："你是谁啊？我们凭什么听你的？"此话一出，楠楠顿时火冒三丈："你竟敢违抗我的命令，找死！"紧接着，楠楠抓起地上的小石子就向对方扔去。"你是不是有病啊！"小朋友们接二连三地喊道，"走，我们上别的地方玩儿去，不和这家伙说话！"很快，小朋友们都纷纷远离了楠楠。妈妈在一边看着也是气不打一处来，赶忙把楠楠拉到一边问道："小朋友怎么你了，你竟然这样对待人家？""谁让他们不听我的命令的！我是这个世界的王者，他们就得听我的！"听到这话，妈妈简直是又气又笑："谁告诉你，世界的王者就这副做派的？真正聪明的国王才不像你这么暴躁呢！"

回家以后，妈妈把楠楠在外面玩儿的表现告诉了爸爸，爸爸听了也是皱起眉头，一脑门子疑惑。"这对以后孩子的整体发展不是件好事啊！"爸爸说。"可是我还不知道怎么跟他沟通这件事，所以咱们俩要商量商量。"妈妈说道。于是爸爸把楠楠叫到身边问："儿子，你是特别想成为世界的王者吗？""什么想？我本来就是！"楠楠骄傲地说，"这世界的一切东西都是我的。""如果真是那样，你应该以什么样的方式对待他们呢？"爸爸又问道。"当然是命令他们了。"楠楠说道。"不，真正的王者跟你想的不一样。"爸爸说道。

"那他是什么样的？"楠楠问道。"你看这个世界上，这么多的人和小动物，真正的王者，应该怎样与万物一起相处呢？如果是聪明的王者，他一定是有爱的、快乐的、不寂寞的，并不是因为他能命令谁，而是他能够把祝福和帮助送给普天下的一切，让他们都能因自己而得到幸福和快乐。他会默默地看着他们，由衷地去发现世间一切闪闪发光的美好。因为世界是他的，他一定要与世界更友好地相处，他会偷偷地把自己王者的身份隐藏起来，像一个快乐的平凡人一样去接近身边的每一个玩伴儿；他会听他们告诉他很多有意思的事情，与他们打成一片；他会观察他们到底需要什么，自己又能为他们做什么；他会包容别人的过错，也会及时为自己的问题道歉，因为他不想跟自己的世界引发矛盾，他是如此爱着世界上所有的一切，所以所有的一切都不可以因他受到伤害。这样的王者才是伟大的，才是最值得所有生命拥护的，没有命令的语言，他们也会跟随在他的身边，成为他最好的伙伴和老师，他会从中学到很多，也会因此得到更多。"爸爸回答。

听完爸爸的话，楠楠垂头丧气地低下头说："那楠楠已经做了很长时间不一样的国王了，怎么办呢？""嘘，现在并没有谁深刻地认识过你呢！"妈妈说道，"你只需要把自己国王的身份降下来，带着一个平凡孩子的率真去经营世界的一切，相信很快身边就会有很多很多愿意跟你一起玩儿的小朋友了。"听了妈妈的话，楠楠终于绽放了笑容。

从那以后，爸爸妈妈开始一点点地引导他如何更好地与身边的小朋友相处，他们让楠楠学会了忍让、学会了礼貌、学会了站在别人的角度思考问题……慢慢地，楠楠身边多了很多爱跟他玩儿的小伙伴，大家都说和楠楠在一起很开心，而楠楠也终于因此收获了友谊，生活在一片喜悦快乐之中。

人们常说："亡羊而补牢，未为迟也。"觉察到孩子出现了三观问题，首先不要着急，因为整体养育就是要全方位地解决孩子的问题。眼下孩子还小，可能根本不知道自己在做什么，而父母要做的就是对他们的观念把关。

我们需要告诉孩子，怎样才能赢得更多的快乐，怎样化解与别人的分歧，什么才是最友善的行为，怎样做才能得到别人最好的回馈……这些都是生活中的小事，却与孩子的三观紧密相连，是我们整体养育中不可或缺的一课，也是我们最需要帮助孩子完美蜕变的课题！

持续关注，让孩子的天性闪闪发光

孩子的天性就是好奇，大自然的一切对他们有着本能的吸引力，他们会在生命中不断探索，总觉得其中蕴含着无穷的乐趣。可是作为父母，这一切在成年人的世界里都是太正常不过的事情，因为对一切司空见惯了，对于孩子天性的反应多少都带着那么一点儿敷衍和麻木，以至于突然有一天，发现他们的一些"惊人之举"，第一反应往往是愤怒，咆哮着说："你怎么就会给我惹祸！"

其实，假如我们能够对孩子的行为予以持续关注的话，就会发现，在他们的天性里蕴含着很独特的东西，那是一个充满缤纷色彩的世界，唯有从孩子的视角去看待，才能真正地理解他们，理解孩子为什么会在闯祸之事上如痴如醉，即便赔上事后挨骂的代价，也在所不惜。

聪聪是一个喜欢探索的孩子，家里所有的一切都对他有着天然的吸引力。因为实在想把一切探个究竟，所以爸爸妈妈辛苦买来的东西总是被他折腾得七零八落。时间长了，父母自然就没了好脾气，经常带着批评的口吻对他说："儿子，你能不能少在家里闯点儿祸啊！"

可是聪聪才不管那一套，继续进行着他的"破坏行动"，直到有一天，他的反常举动差点儿惹恼了爸爸，他捣蛋的原因才得以真相大白。

爸爸有一款精致的手表，戴了很多年了，可是有一天午睡醒来以后，却怎么也找不到了。于是爸爸习惯性地来到聪聪的房间，发现手表已经被这小子大卸八块了。原来聪聪觉得爸爸的手表很神奇，为什么秒针会这么有规律地运转呢？他悄悄拿来家里的小改锥，一个步骤一个步骤地把表里的零件拆下来，可等到搞清楚一切，准备将零件归位的时候，却不知该如何下手了。

看到这个场面，爸爸都快气炸了："聪聪，你到底在干什么？你能不能少给我惹点儿祸啊！你知道这表多贵吗？""我只是想看看它的内在构造，可是突然安不回去了。"聪聪委屈地流下眼泪，"我也不是成心的。"

眼看自己的怒火就要爆发，面对这样一个眼泪流得稀里哗啦的孩子，爸爸一时之间不知该怎么办。他努力定了定心神，问道："你真的对我的表那么好奇吗？""是啊，我觉得它好神奇，指针怎么运行得那么有规律，而且从来不会错。"聪聪一边擦眼泪一边说道。"是嘛！既然那么好玩儿，就让我们一起努力把它装好吧！"爸爸说道，"幸好我上高中的时候，玩儿过同样的游戏，不然真的不知道怎么拯救这块手表。""真的可以吗？"聪聪顿时欣喜起来，"那我们现在就开始行动吧！"

于是一个大人带着一个小人儿，挤着坐在写字台前，爸爸一边给聪聪讲解每一个零件的功能，一边将它们对号入座。渐渐地，他也发现这是一件非常有趣的事情，于是一边专注地盯着手表，一边和儿子互动起来："你不觉得倘若这个零件是这样的，我们就不需要在装回去的时候这么麻烦？""嗯，如果这个零件小一些，我们很可能就发现不到它了。"就这样，父子俩津津有味地开始了两个人的游戏，直到所有的零件都安装完毕，手表重新恢复运转，爸爸和聪聪才长舒了一口气，不约而同地大叫起来："干得漂亮！我们是超级舰队！"

通过这件事，爸爸终于明白，孩子的世界是很单纯的，每当他发现新奇的东西，就会本能地想要探索，这完全是出自孩子的天性，而这往往是孩子生命中最可贵的。

作为父母，绝对不可以轻易抹杀了孩子的天性，而是要持续地予以关注，给予持续的鼓励，即便有些时候会付出一些代价，也不要过分着急，因为这与捣蛋无关，而与孩子的天性有关。

每一个孩子都有自己的天性，而天性是最值得父母关注和保护的东西，它在孩子的整体养育中发挥着至关重要的作用，能够让我们快速地洞察孩子的本心。我们不但能够通过天性更透彻地了解孩子的需求，还能更清晰地明白孩子做事的用意。这种天性犹如一双翅膀，随时随地地装点着孩子的生活。作为家长，我们需要理解它、关注它、鼓励它、拥抱它，唯有如此，我们才能让孩子在天性使然中快乐成长！

改变视角，探究孩子的认知世界

用成人的角度去看待孩子的世界，无论是正着还是反着，不管从哪个角度看，都无法颠覆他们的纯真。作为成人，我们很多时候却无法认真地对这一切加以解读，总是按照自己的想法去处理他们的问题，一旦孩子出现了问题，我们往往会本能地将其归咎于一场错误。

但事实上，面对同样的事情，孩子是怎么想的、为什么要这么做，可能其初衷和用意完全出乎我们的意料。看似错误的事情，在他们纯真的眼睛和行动中，完全是另外的样子。而想要走进他们的世界，就需要学会站在他们的视角看问题，理解他们的认知，你会发现，原来他们的想法是那么可爱，尽管面对结果，多少要纠正一下，但那些藏在错误里的秘密早已经化作了亲子之间最美的温情。

妞妞特别喜欢洋娃娃，在她的房间里，摆放着各式各样的洋娃娃，她把它们当成自己的孩子，每天睁开眼睛就想着要看到它们，尽心地照料它们，倘若一天没有看见它们，就会坐立不安。

但是最近爸爸妈妈发现妞妞的房间里出现了一个怪现象，她屋子里的洋娃娃很多都不是自己的，她每天都会背着一个大书包去幼儿园，回来的时候就会一溜儿烟地钻进自己的房间。难不成，这个小家伙成了扒手吗？妈妈开始怀疑起来，并把这件事告诉了爸爸。

爸爸也觉得很奇怪，于是问妞妞："宝宝，这些洋娃娃都是从哪儿来的啊？""这些都是我的，它们都是我的孩子。"妞妞说道。妞妞的爸爸妈妈问了半天也没把事情问清楚，最后只好亲自去幼儿园问老师。经过老师的询问，很多小朋友都说，妞妞曾经向她们借过洋娃娃，因为平时相处得特别好，她说她特别会照料洋娃娃，所以小朋友们就把自己的洋娃娃借给她，让她带回家跟自己的洋娃娃一起开会，她说那是一场热闹的会议，所有的洋娃娃在一起会非常有意思的。"那后来她还给你们了吗？"妞妞的爸爸问。"没有。"所有的小朋友都异口同声地说，"可能会议还没开完吧！"

听了这话，爸爸真是哭笑不得，回到家，他把女儿拉到一边说："宝宝，你是不是借了好多洋娃娃回家？""这些洋娃娃本来就是属于我的。"妞妞不高兴地说，"它们不能离开我的照顾。""人家是借给你，又不是送给你，怎么能说这些娃娃就都是你的呢？""借跟给有区别吗？不是一样的吗？"妞妞疑惑地问道。

听到这话，爸爸妈妈终于恍然大悟，原来自己的女儿根本没理解借和给的区别，才误打误撞地把这么多心爱的宝贝带回了家。于是，爸爸妈妈将借和给的区别耐心地说给妞妞听，并告诉她："你看很多娃娃都想着回家呢！它们的小主人开始召唤它们了。"听到这话，再看看洋娃娃，妞妞顿时眼泪汪汪起来，但因为明白了借和给的区别，她最终还是将洋娃娃还给了小朋友。

从那以后，爸爸妈妈意识到，很多时候，孩子所理解的世界和成年人是截然不同的，妞妞之所以会产生误解，并不是因为她出现了品质问题，而是在理解的概念上出现了偏差，这时就需要爸爸妈妈出手帮助孩子调整，但倘若将这种错误的理解认为是一件多么严厉的事情，那就太委屈孩子了。

在孩子的认知世界里，很多事情都是简单而直接的，他们对待世界的看法以及所付诸的行动，多半并没有什么特殊的恶意。

一位爸爸曾经分享了自己家的一个日常故事。他说："唉！也不知道该怎么引导现在的孩子，那天我带着儿子上街，路上遇到一个卖鸟的商贩，儿子骑着玩具车路过，商贩就上来打招呼说：'小朋友，带只鸟回家吧！'结果这孩子径直就抓了一个鸟笼，带着鸟就一路继续向前骑，我是追也追不上，最后只好去付账。后来我问他，'知不知道这样跟抢没什么区别？'结果他的回答是：'这不是他送给我的吗？他也没说管我要钱啊！'孩子的世界真是越来越难懂了，但我知道他并不是出于什么恶意。"

这个世界到底是什么样子？作为成年人，我们总觉得自己比孩子要清楚。但在孩子的眼睛里，他们看到的世界的一切都是新奇而美好的，尽管在这期间，他们会频繁地犯错，时不时地误解我们的意思。但作为父母，我们知道他们的世界是简单而纯洁的，我们需要纠正的是他们的概念和认知，而不是动不动就将一些问题提升到道德层次。

当我们真正可以从孩子的视角认识他们的世界时，就会发现，原来他们的表里始终是通透的，懵懂的孩子不知道要付账，也不知道借和给的意思，他们很可能会错误理解别人说的话，而他们又是如此用心地爱着身边的一切。因此，适度转变父母的角度，放下大人的姿态，全然沉浸于孩子的内心，这时你会发现，孩子就是孩子，他们面对问题的方式，竟也如此有意思。

情景式设计，帮孩子找回存在感

每个孩子都想成为内心剧目中的主角，所以他们才会在玩"过家家"游戏的时候，全然投入并沉浸于一个虚幻的角色。每个孩子都渴望受人重视，所以有时他们会突然地在情景中大叫，用这种方式吸引身边人的注意。每个孩子都有自己纯真的梦想，所以他们会倾情演绎，不管身边人在意还是不在意。

总而言之，孩子的快乐就是如此纯粹，尽管有些时候，他们也会因为被人忽视而有了受伤的感觉，因为他人的胜出而倍感失落。倘若这个时候，父母能够智慧地将情景进行优化，便能快速帮助他们打开一个全新的世界。在这个世界中，他们永远是自己的主角，能够用最亮丽的颜色渲染心中的故事，而不必在意他人的意见和评判，只是尽心尽力地演绎自己。孩子会在这个过程中由衷地感到自豪和快乐，就此脱离别人的眼光，不管何时何地，不论爸爸妈妈在不在场，他们都可以很好地驾驭局面，诠释出自己最好的样子。

有一天，苗苗特别沮丧地从幼儿园出来，她一路上都没有跟妈妈说一句话。妈妈觉得很好奇，就问苗苗："宝宝，今天发生了什么事，为什么这么不高兴啊？""别的小朋友在'六一'儿童节演出中都有特别好的角色，而且都有台词。"苗苗说道，"而我只能演一棵树，站在那里一动不动，连说话的资格都没有。"说着苗苗伤心地流下了眼泪，"我每天都很积极地表现，但老师总是把我放在无关紧要的地方，所有人都意识不到我的存在。"

"哦，原来是这样啊！"妈妈笑着说，"那妈妈给你讲一个故事，从前有一个小男孩，他好像从来没有被人注意过，他的世界始终是孤独的，对任何事情都没有发言权，但是他并没有灰心丧气，而是为自己打造了一个特殊的舞台。他把自己想象成一个将军，每天沉浸在自我设计的战略游戏中。终于有一天，国家发生了很严重的战乱，男孩毫不犹豫地参了军，而且战无不胜，成为世界有名的将领。后来他成了法国的国王，所有人都记住了他的名字——拿破仑一世！所以宝宝，你只需要给自己一个舞台，不断地为未来做准备，等到时机成熟，心中小小的舞台就会跟着你的准备不断延展，直到它变成宇宙这么大，直到你想成为最美丽的样子，享受所有人的喝彩呢！"

"真的吗？"苗苗问道，"我真的可以搭建自己的舞台吗？""这有什么不可以，苗苗是智慧且自由的宝宝。"妈妈说道，"回家就把大树演给妈妈看，要说这树啊，看起来不起眼，可想要演好也还真不容易……"

就这样，苗苗的情绪得到了有效修复，回家后的她和妈妈做了好长时间的游戏，全情投入地扮演着大树这个角色，她时而欢笑、时而跳跃，很快就把不被人重视的烦恼忘得一干二净了。

到了"六一"儿童节演出那天，苗苗换上了一身绿装，以大树的角色进入演出。那天妈妈有意盛装出席，带着鼓励和欣赏的神情在台下为苗苗鼓掌。整个演出进行得很顺利，苗苗虽然没有任何台词，但她始终在微笑。老师后来说："这次演出虽然所有的小朋友都诠释出了最好的状态，但苗苗的表现是最好的，她是整个演出过程中笑得最灿烂的小朋友。"

很多孩子都想在我们的世界中赢得更多的存在感，他们渴望着别人的赞美、关注和凝视。作为成年人，我们知道，聚光灯并不是每时每刻都为他们闪耀的，即便如此，绚丽的舞台还是随处可见，只要他们懂得自我欣赏，就可以在各种各样的场景中获得快乐。

作为父母，我们可以用自己的方式为孩子努力创造场景，让他们在展示自我的同时，放下对别人的期待，我们需要让他们全然沉浸于自己的角色，不管有没有人关注，都要将角色演得惟妙惟肖，这就是他们本该拥有的状态—— 一个可以让他们每时每刻都会释放自我的状态。

对于一个充满愉悦和活力的人来说，无论生活出现什么样的情况，他都可以扮演好自己的角色，对整个世界报以乐观的微笑。我们需要让孩子在这场游戏中找到感觉，找到自我存在的价值，而这也是我们在整体养育中，送给孩子最好的成长礼物！

第三章
亲密与独立，建立和谐的亲子关系

　　每个父母都希望与孩子建立一段亲密的亲子关系，而这是需要建立在安全感和信任感之上的。父母要通过高质量陪伴、鼓励支持的态度等给孩子足够的安全感和信任感，而这种亲密关系，不是孩子对父母的依赖，也不是父母对孩子的无限宠爱，而是让孩子在父母的鼓励和温暖的爱中，学会独立面对成长路上的风风雨雨。

安全港湾提供的不仅仅是安全

孩子习惯将父母视作一个绝对安全的蓝色港湾，在父母身边是舒适的、自在的且无拘无束、不需挣扎的。不管什么时候，只要父母站在身后，自己好像就拥有了绝对的底气和力量，不管做什么，都会勇往直前。即便是行为上存在偏差，自己也会毫无顾忌，因为他们觉得，就算出了问题，父母也都能帮助他们处理好一切，自己只需要尽情地释放、自由地采取行动，其他的事情交给父母就好了。

作为父母，每当我们看到孩子一些非常举动的时候就会生气，孩子明明做得没道理，却装出一副强势的样子，一边无理取闹，一边有一搭无一搭地看向自己。这个时候，真想冲过去把他拉回家，但碍于面子真的不好意思当着这么多人发作，于是只能尴尬地站在远方，摆出一副束手无策的样子，不知道该多说一分，还是少说一分。

从整体养育的角度来说，过分让孩子依靠父母是一件很危险的事情。埃利亚斯·卡内蒂曾说："每个人都要拥有自己的火焰，从别人那里借的火是不完整的。"如果孩子过分依附父母，那就没有自己的人生。我们要知道，孩子早晚要独当一面，总有一天，我们的建议也将变得不那么明智。倘若让他们从小就养成依靠父母的习惯，这对他们的成长有害无利。

蛋蛋是一个具有双重人格的孩子，他在父母在场时的表现与他们不在场时的表现截然不同。每当父母不在场的时候，他做一切事情都会变得小心谨慎，好像是一个失去安全助力的人；而当父母在场的时候，他便开始趾高气扬起来，对待身边的小朋友也是一点儿都不客气。

这天妈妈带蛋蛋出去玩儿，结果在公园里蛋蛋和一个孩子发生了口角，最终两个人推搡起来，紧接着就动了手，最终蛋蛋脸上挂了彩，哭哭啼啼地跑向妈妈求救。"妈妈，我被那个家伙打了，脸好痛！"蛋蛋一边向妈妈告状一边擦眼泪。"哦，妈妈看看问题严不严重。"妈妈听完以后，故作关切地检查蛋蛋脸上的伤口，"哇！看来蛋蛋是真的疼了。为什么会出现这样的情况呢？""因为那家伙欺负人。"蛋蛋没好气地说道。

"为什么你们会发生矛盾呢？"妈妈继续问道。"因为他不把玩具给我玩儿，我只是悄悄地碰了一下，他就冲我大吼大叫，然后我们就打起来了。"蛋蛋解释道，"其实我只是碰了一下而已。""哦，原来是这样啊，那蛋蛋已经把经验总结出来了——没有经过别人允许，不可以触碰别人的东西，我的儿子真是一个聪明的孩子，这么快就找到了问题的症结。那以后应该怎么做呢？"妈妈问道。"哼！我才不稀罕他的破玩具呢，以后不去触碰这些东西就是了。"蛋蛋说道。"对了，蛋蛋这次没有经过小朋友的允许，就随便碰人家的东西，是不是要对自己的行为负责呢？现在一切已经过去，妈妈觉得这件事只需要说个'对不起'就可以解决了。以后再遇到同样的事情，不需要妈妈说什么，蛋蛋就知道该怎么做了吧？"

"妈妈，你怎么还向着他说话？"蛋蛋不解地问道。"妈妈在秉持公正。"妈妈说道，"不管妈妈在还是不在，蛋蛋都必须对自己的行为负责，及时总结经验，做好自己该做的事，这样才是最棒的孩子。"听了妈妈的话，蛋蛋低下头，妈妈轻轻地帮蛋蛋处理好伤口，又对他说："好了，蛋蛋又可以在公园里继续玩耍了。"

经过这件事后，蛋蛋做事比以前沉稳多了，他不再依赖父母的那份安全感，而是意识到即便父母在，自己也要对所做的一切负责，就此他的行为变得更加理性了，每当心里想要发火的时候，就会立刻想起妈妈的话："每个人都要对自己的行为负责！"

从整体养育的角度来说，过分给予孩子安全感会导致孩子倚仗大人的护佑，开始下意识地为所欲为，他们总觉得所有的事情，只要父母出面就能全盘搞定，于是自然而然地就会产生依赖情绪，而越是依赖，就越是不计后果。当家长发现孩子依赖性过强的时候，请不要指责孩子，先检省自己的教育方法是不是出现了问题。真正的爱不是包办孩子的一切，而是教会孩子自己去做事。我们需要帮助孩子树立独当一面的能力，孩子越能全然担负责任，就越能有效约束自己的行为，孩子也会由依赖逐渐养成独立的习惯。我们要培养孩子独立思考、独立决断、独立面对社会的能力。

巧妙示弱，帮孩子摆脱依赖

现在的孩子多半对父母都存在着深度的依赖感，他们眼中的爸爸妈妈是无所不能的，无论出现什么问题，只要将这个"球"传给爸爸妈妈，一切就都能迎刃而解。作为成年人，我们知道，即便自己现在能够为孩子解决所有的问题，那也是暂时的。他们迟早会面临更多的生活难题，如果那时候我们不在或对眼前的困难束手无策，那就需要他们动用自己的智慧，采取各种各样的尝试，去摆脱身心的困境。假如这个时候，他们依然带着依赖的目光，将满心的期待投向父母，那结果迟早会失望。

作为父母，我们都希望孩子能够拥有独立的思考方式和行为能力，他们需要对自己担负起责任，也需要明白父母并不是万能的。很多父母出于对孩子的保护，总在问题出现的时候故作强悍，认为这是自己所能给予孩子最有效的助力支撑，让他们面对任何事情的时候都不再恐惧，而现实没有谁比我们自己更清楚了。

其实，面对孩子，我们并不需要长时间披挂着强悍的伪装，适当示弱、将自己脆弱的一面坦诚相告，反而会更有利于孩子的成长，我们需要调动孩子的能力和智慧，让他们点燃自己的强大能量。

　　落落是父母眼中的小公主，在她看来，父母是无所不能的，这个世界上没有父母解决不了的问题，而自己只需要全然沉浸在无尽的玩具和游戏中，一旦出现问题，只要求助父母，一切就都能迎刃而解。慢慢地，她习惯了这样的生活，面对自己的一切都不再动脑筋，直到发生了一件事，上述情况才真正有了转机。

　　有一天，落落在家中收拾自己一箩筐的玩具，发现自己心爱的机器娃娃竟然断了一条腿。这可把落落着急坏了，于是赶忙求助妈妈。妈妈对着玩具娃娃左看看、右看看，发现这个问题很简单，落落自己就能解决。于是妈妈看了落落一眼，装出一副关切的样子："啊，这可怎么办啊？娃娃的腿掉了，妈妈不会给它做手术怎么办？""妈妈你一定可以，你是天下无所不能的超级妈妈！"落落哀求地说，"你一定要救救它。""乖宝贝，妈妈也不是万能的啊！出现在这样的事故，妈妈好紧张啊！妈妈不是玩具抢救专家，我们该怎么办呢？""你真的没有主意吗？"落落快要哭出来了。"真的没有，倘若落落自己试一试的话，也许是能够救它的。"妈妈说道，"因为落落每天都跟娃娃玩儿，是最了解娃娃的人。"

　　"嗯！说得也对！"落落说道，"看来妈妈也不是什么时候都是超级妈妈！""当然啦！"妈妈说道，"其实妈妈也经常会面对无能为力的难题，妈妈根本就不知道怎么解决这些问题，所以有时也会像落落一样不安。其实小孩儿有小孩儿的烦恼，大人也有大人的烦恼。妈妈并不是做什么事情都能达到一百分，也并不是永远都能解决落落的问题。所以，落落要学会自己去面对一些难题，甚至未来还能帮妈妈解决很多难题。比如妈妈累的时候，落落能不能帮妈妈缓解身体疲劳呢？妈妈着急找东西的时候，落落能不能帮妈妈快速找到呢？妈妈一个人忙不过来的时候，落落能不能帮妈妈一把呢？如果这个时候落落能当妈妈的小助手，那对于妈妈来说是一件非常幸福的事。"

听了妈妈的话，落落顿时感觉身上担负了一份温馨的责任，她看了看娃娃，又看了看妈妈，说道："娃娃是我最好的朋友，我一定要全力抢救它。妈妈是我心中最重要的妈妈，所以妈妈遇到困难的时候，落落也一定要帮助妈妈。"听了这话，妈妈感动得眼眶都湿润了，她对落落说："我的好宝贝，现在就动手给娃娃宝宝做治疗吧！"于是妈妈站在落落身边，一边鼓励，一边引导着落落独立思考。很快地，落落就找到了修复娃娃的诀窍，她快速将娃娃的小腿归位，出问题的机器娃娃，瞬间在她的修复下重新"复活"了。

"哇！这太好了！原来我就是娃娃的忠诚卫士。"落落高兴得跳起来。"当然了，总有一天，落落也会是妈妈的忠诚卫士。"妈妈在一旁笑着说。

从那以后，落落的生活发生了很大变化，她越来越主动地帮助妈妈，对于妈妈安排的事情，也努力贴心地完成。很显然，这样的亲子关系越来越亲密了，落落和妈妈都因此享受到了更幸福的生活。

每一位家长都可以享受到孩子所带来的浓浓亲情，关键是要看我们怎样更好地经营它，从整体养育的角度来说，过分干预孩子的世界会让他们产生强烈的依赖感，但适度示弱却能增强他们对于家庭的责任感和担当意识。所以，有时我们不要什么事情都跑到前头，而要坦诚告知孩子自己的脆弱和不完美，当孩子开始下意识地想要保护我们的时候，你会感受到依偎在怀里的孩子瞬间成长起来，转化成能给予你前行的力量，亲子关系不仅得到了升华，也化作了幸福的涟漪。

相辅相成的亲密与独立

很多父母说，现在的孩子实在是太黏人了，一旦发现父母不在，就会缺乏安全感，出现焦躁不安，甚至会产生孤僻的情绪。作为成年人，毕竟也有很多事情要做，倘若总是一味地陪在他们身边，不论是对孩子，还是对自己，都没有什么好处。

于是，当孩子祈求和爸爸妈妈一起玩儿的时候，我们会鼓励他们享受自己的时光；当孩子缠着要听睡前故事的时候，我们对他说："要学会一个人好好睡觉。"时间长了，突然觉得孩子越来越孤僻了，每当别人问起宝贝为什么不说话了，他们往往会带着一肚子委屈说："我觉得爸爸妈妈不喜欢我，他们不喜欢陪伴我！"每当看到这样的场景，父母心里也会隐隐作痛，总觉得自己亏欠了孩子，而想到孩子早晚要独立生活，很多父母还是努力狠下心，装作视而不见，想让孩子自己坚强起来。

其实，就整体养育的角度来说，父母给予孩子一定的陪伴是必需的，孩子在不同的年龄段，需要父母给予不同的陪伴。就亲密与独立而言，我们必须先搞清楚其中的概念：亲密是父母与孩子之间的精神纽带，是一种亲子之爱；独立则是要锻炼孩子自己思考问题、解决问题，事实上，这两者之间并没有冲突。

我们给予孩子爱、和他们一起玩耍、做他们的玩伴、让他们享受到与爸爸妈妈一起相处的美好时光，这是父母与孩子之间需要维系的正常亲子关系，也是彼此互动中最幸福的事。而就独立而言，则需要父母调动好行动和智慧，不要过分干涉孩子的意志，鼓励他们用自己的方式解决问题，我们可以在一旁积极鼓励他们、关注他们，成为他们精神意志的坚实后盾，但这并不代表我们一定要成为孩子所有事务的参与者。

所有的孩子都是在跌跌撞撞下学会解决问题的，我们需要将自己的爱融入过程，却又不能加重孩子的精神负担，因为孩子总要担负起自己的责任。

我到朋友家做客，刚坐下来喝茶的时候，发现朋友家5岁的小女儿一脸憔悴地从卧室走出来，只见她踮起小脚，到药箱拿药，接开水，吃完药以后，又缓步回到房间。我问及原因，朋友说："她现在病了，一直处于发烧阶段。""那为什么不好好照顾她？""她可以照顾好自己，相信她有这个能力。"朋友说道。"才5岁，你不心疼吗？"我惊叹道。

"自己的孩子怎么会不心疼？我每天都会花很多时间陪伴她，必要的时候整夜整夜地看顾她。"朋友说，"但是她是一个独立的个体，一切力所能及的事情都要学着靠自己。我们这个姑娘在很小的时候就梦想着出国留学，每当她向我们求助的时候，我就会问她，如果你现在在国外，爸爸妈妈都不在身边，你会怎么做呢？每到这个时候，她先是一愣，然后一声不吭地就开始自己处理事情了。咱们做父母的，不可能永远陪在她身边，与其现在无条件地为孩子提供照顾，不如教会孩子如何更好地照顾自己。她是独立的，而我付出的只是作为父母的爱心，我能让她意识到我的爱，同时也要让她保持自立，自己的事情不要轻易麻烦别人。"听到这些话，我立刻对她的教育方式陷入了沉思：倘若我们多给孩子一点儿自立的空间，对于他们的成长而言会不会更有助力呢？

现在，很多父母对于孩子的态度就是只要自己能干就不让孩子受累，我们总觉得自己辛苦点儿没什么，只要能给孩子一个幸福的童年，即便是花费再多的代价也无怨无悔。我们试图给予孩子无条件的陪伴，以至于最终让孩子误解了自己的感情，认为父母的一切付出都是理所应当的，他们开始不再试图调动自己的智慧去解决问题，而是一味地将求助的眼光看向父母，不再愿意坚持，因为他们知道，即便自己不这样做，也会得到自己想要的一切。

从此，他们的概念里再没有所谓的自己的事，因为所有的事情都被父母干完了。从整体养育角度来说，这样的行为是很危险的，会让孩子丧失自主能力，压制他们自立自强的信念，一旦情况持续下去，对于他们的未来是没有任何好处的。

还记得那个已经成年却连鞋带都不会系的大学生吗？还记得那个一出问题就慌了手脚的年轻人吗？还记得那个因为生活不能自理而生活一地鸡毛的成年人吗？在别人的故事中，我们要吸取教训。我们需要以最正确的方式整体化塑造孩子，不但让他们感受到爱，还要让他们明白父母的期待。培养孩子的自理能力，是对孩子的成长负责，是任何时候都不能忽视的家庭教育。爱有很多种，我们要让理智的爱陪伴孩子健康茁壮成长。

带着故事感，与孩子共舞

如果你给孩子讲大道理，可能孩子不会听，倘若你将道理融入一个故事，那结果就完全不一样了。孩子不但会听得津津有味，还很愿意和爸爸妈妈互动，甚至因为故事情节很有趣，孩子还会有时在生活中提起，他们会下意识地模仿故事中的人物，一会儿是孙悟空，一会儿又是沙和尚，等到他们将整个故事人物演练了个遍，里面所涵盖的精华便早已经融入了他们的世界。

　　从整体养育的角度来说，故事是孩子成长中不可或缺的教育工具，面对孩子出现的问题，与其过分批评，不如借助故事，让他们身临其境地自我体会、自我反省。同样的事情，故事里的小朋友是怎么看待的？又是怎么解决的？因为在接受的过程中少了一些自我的色彩，反倒可以让孩子更沉浸于其中接受引导。他们会悄无声息地将情节内容对接自己的生活，尽管嘴上什么都没说，但心里却越来越清晰。他们有时会对父母说："小兔子不做的事情我也不能做。""大狮子发脾气太吓人了。"因为他们对故事保持着同理心，所以更愿意在此基础上修整自己的生活，要知道这算不上什么负担，而是一段非常有趣的旅程。

　　小青今年5岁，在家中是个典型的小破坏分子，爸爸刚把书架整理得井井有条，很快就会被他搞得乱七八糟，妈妈刚刚打扫完卫生，不一会儿的工夫，就被他搞得一地鸡毛。他的房间总是凌乱不堪，袜子、鞋子到处丢，玩具也散落了一地。每当爸爸妈妈批评他的时候，他却一脸满不在乎的样子，喃喃自语道："谁说乱？我看着不是很好吗？"

　　每当听到这样的话，爸爸妈妈就气不打一处来，直到有一天他们发现了一个神奇的工具，彻底改变了小青混乱的局面，不但让他脱胎换骨，还让他更加听从父母的管教，整个人都变得越来越懂事了。

　　一天，眼看夜色已深，小青还是不想睡觉，他吵着让妈妈给自己讲故事，于是妈妈想了想便给小青讲了这样一个故事：

从前有一只小白兔，虽然身体很白，屋子却是里里外外一团乱，妈妈几次催促它快些整理房间，它却总是一副不屑一顾的样子。"哼！乱怎么了？我才不在乎呢！"直到有一天，小白兔听说有很多小朋友要来家里做客，它激动得一夜未眠，一早上起来就开始梳洗打扮，可当小朋友走进它的房间，通通都被一屋子凌乱惊呆了。"小白兔，你家怎么会那么乱啊！""这么乱我们带来的礼物都没地方放了！"听到小朋友你一言我一语，小白兔羞愧难当。正在不知所措的时候，小朋友们一起合计说："要不我们帮助小白兔把屋子收拾干净吧！"于是，大家费了九牛二虎之力，终于把小白兔的房间收拾得干干净净。看着整齐的房间，小白兔格外惊喜，它已经很久没有住过这么干净的房子了。从此以后，邋遢的小白兔变成了一个非常爱干净的小朋友，它的房间再也没有凌乱过，所有的小朋友都说："看来小白兔真的要脱胎换骨了。"

讲完故事以后，妈妈对小青说："宝宝，你愿意像小白兔那样脱胎换骨吗？"听了妈妈的话，小青不好意思地将脸藏进被窝，喃喃地说："那我们明天一起打扫房间吧！"从那以后，小青从破坏分子变成了干净达人，他越发地喜欢整洁了，每天都会把自己的小房间打扫得一尘不染。

而看到成果的爸爸妈妈高兴极了，他们为小青搜寻了各种各样的经典故事，一边给小青讲故事，一边将自己的教育理念融入其中。慢慢地，他们发现小青有了惊人的变化，他不但变得更有礼貌，还更积极地投入学习。眼看宝宝蜕变得越来越优秀，爸爸妈妈的心终于跟着踏实了。

故事是一个很好的沟通窗口，它能让孩子借着这个窗口看到自己，作为父母，只需一个轻松有趣的故事，就可以让孩子发生改变。在这个过程中，我们可以与孩子产生更多的互动，每当他们出现类似问题的时候就问他："宝宝，你还记得小猫猫的故事吗？当时它是怎么处理的？结果怎样？你要学它吗？"很快孩子就会回忆起一切的故事情节，那种情景代入的感觉会将他的注意力转移到另一个世界，让他清晰地认识到，当下的自己最该做什么、不该做什么。

因此，想要完善整体养育，就先从亲子阅读开始，这样不仅能增进亲子关系，还能让孩子在故事中汲取知识、开阔眼界。

娇宠溺爱，不是最好的亲子关系

曾经有一位爸爸，对孩子特别宠溺，因为平时工作很忙，常常直接塞给儿子几千元钱，对他说："儿子，爸爸不在的时候，想吃什么就吃什么，想买什么就买什么，千万不要因为节省委屈了自己。"结果那么小的小孩子，每天身边都是吃不完的零食，跟随的也是一些"蹭热闹"的朋友，时间长了，孩子的体形发生了变化，七八岁的时候，却成了一个五十多公斤的胖子。看到孩子出现了这么严重的问题，爸爸终于意识到自己的教育出差错了，这时候想逆转，才发现教育起来是那么不容易，因为孩子已经习惯了被他宠溺的生活，突然间将一切收紧，免不了一场吵吵闹闹。这位爸爸说："现在我每天都被孩子的事情搞得焦头烂额，早知如此，当初就不应该那么惯着他。"

生活中类似的例子比比皆是，只是宠孩子的方法各有千秋。我们总希望孩子能因为我们过上更幸福的生活，而对于幸福的兑现，却从来没有一个特定的尺度。而当我们意识到宠溺赋予孩子的不是幸福而是麻烦，想要重新调整教育的时候，却已经是步履维艰。这时候就需要我们摆正态度，拿出拒不妥协的决心，不管过程中孩子出现怎样的情绪，都要保持理智的心态。我们要让孩子知道，我们依然爱他，而且学会了以更好的方式爱他。

这天，妈妈带着丁丁去商场，看到琳琅满目的玩具，丁丁瞬间就走不动道了。"妈妈，我想要玩具。"丁丁哀求道。"嗯，这倒不是不可以，但是妈妈只允许你挑选一个玩具。"妈妈说道。于是丁丁走进玩具商店，左看看、右看看，商店里的玩具实在太精致了，丁丁真的想把它们全部带回家。最后，丁丁选了5个玩具，他对妈妈说："妈妈，这5个我都想要。""可是妈妈只答应买一样回家啊！"妈妈说道。"我不，我都要。"丁丁抱起玩具，一副不妥协的样子。

于是就这样僵持了好久，妈妈对丁丁说："如果丁丁不信守承诺。那很可能一个玩具也得不到了。""不管，我就是要嘛！"说着丁丁一屁股坐在地上，开始哭闹起来。看到这架势，妈妈先稳定了情绪，然后将所有的玩具放回原位，对丁丁说："因为丁丁没有信守承诺，所以现在一个玩具也得不到了，如果再在这里哭闹，回家以后丁丁所有的玩具都会被收到妈妈这里，也就是说，丁丁会因为现在的举动将失去更多玩具。"

　　本来是可以拥有一个新玩具的，可因为一时的哭闹搞得自己骑虎难下，丁丁最终只好停止哭闹，沮丧地跟妈妈回家了。路上妈妈对丁丁说："宝宝，不是妈妈不给你买玩具，而是你自己要遵守承诺，要知道妈妈手里的钱是有限的，尽管5个玩具并不是买不起，但倘若有一天妈妈手里的钱无法兑现丁丁的渴望，妈妈真的不知道，丁丁还会不会像以前一样尊重妈妈、爱妈妈呢？"

　　听了妈妈的话，丁丁沉默了很久，最终他说道："不买就不买了吧！妈妈还是妈妈！我不会因为没有玩具玩儿，就不爱妈妈了"。听到这句话妈妈很欣慰地说："丁丁真棒，那么明天咱们还去玩具店，丁丁可以挑选两个玩具，由妈妈买下作为奖励送给你。"

　　现代家庭中，独生子女的家长在他们的儿童期及青春期，物质享受远不及现在的孩子，因而现在他们都有一个想法：愿意用自己的全部力量，为孩子创造更优越的生活环境及条件。他们宁愿有时委屈自己，也要去满足孩子的各种需求。殊不知，宠溺会让孩子忘乎所以，孩子总是觉得哪怕是自己想要天上的星星，爸爸妈妈也一定会摘下来送给自己。然而，欲望是无限的，作为父母，即便再有实力，也不敢保证能兑现孩子一辈子的愿望。出于整体养育的考虑，我们需要让家长以冷静的态度去对待孩子的欲望，同时秉持正确的态度去引导教育孩子。一味地宠溺只会让孩子从轨道上偏离得更远；而作为明智的父母，要让孩子从小养成独立的习惯、懂得付出与回报、懂得责任与义务、自立坚强，从而逐渐树立自己正确的人生观、价值观。

第四章
内置化丰满，最好的教育在家庭

　　初为父母，在育儿路上，我们都在"摸着石头过河"，学着如何教育孩子，学着如何调整情绪、和孩子共同成长。随着孩子年龄的增长，父母还要学会不断地调整关系，夫妻关系、亲子关系、和谐的家庭关系有助于孩子良好性格的养成。我们可能不是最完美的父母，但是我们对孩子的爱都是最真挚的。

一边成长，一边调整关系

孩子在不同年龄阶段会有不同的表现，而在父母眼中，他始终都是一个孩子。我们会给予他每天必需的关切，给予他亲昵、玩耍、拥抱，宛若他生命中的忠诚使者，随时随地都将自己的爱融入他的身上。可是假如有一天，我们发现孩子开始有意无意地回避这种亲密，开始隐隐地有了很多不告诉我们的小秘密，我们发现他在小朋友面前很少将父母提起；或是突然有一天，日常牵着的手突然松开时，作为父母的我们会不会感到失落呢？

相信很多父母在这件事上多多少少会有点儿情绪波动，感觉自己的心中宝突然就这么长大了，似乎有一双丰满的翅膀将要离开我们、独自远行。

其实，不同年龄段的孩子有不同年龄段孩子的特质，接触外面的世界多了，感受的氛围和信息也不一样了，自然会在行动上产生相应的变化，他时而会变得害羞，时而会变得坚强，甚至有些时候还会摆出一副冷冰冰、酷酷的样子，但这并不意味着他的心中不爱我们。作为整体教育，我们需要在这个时候源源不断地传达自己的爱，告诉他："时间教会我们成长与沉淀，无论未来是什么样子，爸爸妈妈永远是你坚强的后盾，也是推动你不断前行的力量和源泉！"

棉棉今年上小学了，幼儿园的时候，她曾是最黏人的小公主，每天只要看不见爸爸妈妈的身影就会瞬间失去安全感。她就像一只黏人的小猫，时不时地揪一揪妈妈的长裙、爸爸的裤腿，然后张开双臂讨要抱抱。每当这个时候，爸爸妈妈就会觉得棉棉特别可爱，他们会把她紧抱怀中，亲吻她的脸颊，整个氛围都洋溢着甜蜜和幸福感。

等到棉棉上了小学，突然间一切都变了，每次放学妈妈想要拥抱她的时候，她总是瞬间跑开，在将近三米远的地方回头对妈妈说："咱们快回家吧！"每当这个时候，妈妈就会产生一种莫名的失落感，到底棉棉为什么会跟自己产生距离，难道她不再喜欢和父母亲昵了吗？

这天晚上，棉棉又吵着要妈妈给自己讲故事，于是妈妈就借着这个机会问棉棉："宝宝，为什么每次放学妈妈接你想要抱抱的时候你都跑开啊？究竟出了什么问题？""嗯！很多同学说，总是跟父母抱来抱去的永远长不大，这样的行为看起来很幼稚，于是我就不敢上前抱你，省得他们背后说咱们。"棉棉说道。"哦，原来是这样，那棉棉觉得妈妈的行为有什么不对吗？"妈妈问道。"这倒没什么！"棉棉说，"其实我很习惯你给的拥抱呢！"

听了棉棉的话，妈妈点点头说："嗯！棉棉，其实我知道你一直都是爱妈妈的，如同妈妈爱你一样，只不过因为年龄成长的关系，很多原有的模式被打破了，妈妈知道随着棉棉一步步地长高，这些模式将会不断地转换变化。妈妈只想让棉棉明白一点，不管时空怎样转化、模式怎样更迭，爸爸妈妈对你的爱永远都不会变，你永远是父母眼中最可爱的孩子，不论你什么时候需要拥抱，我们都会毫不犹豫地伸出双手，因为你是爸爸妈妈心中的天使，也是我们在世界上最美的杰作！"

听了这话，棉棉的眼眶湿润了，她一头钻进妈妈的怀里，母女之间瞬间恢复了亲昵的感觉。第二天放学，棉棉一跑出来就深深地给了妈妈一个拥抱，并告诉身边的小朋友："这是我妈妈！"于是小朋友们都主动上来叫阿姨，整个场景变得温馨而和谐。

路上妈妈问棉棉："你这次就不担心别人笑话你啦？""如果有，就让他们笑话去吧！"棉棉说，"妈妈只有一个，她是如此美好，我想把她介绍给全世界。"听了这样的话，妈妈的嘴角洋溢出欣慰的笑容。

孩子的内心是敏感的，而作为父母的我们有时候会更敏感，孩子稍微有点儿变化，就会触动自己的心。面对孩子成长中的问题，我们首先要有一个透彻的全局观念，要理性看待孩子成长中的每一个行为特质，尽管成长中人与人之间的关系会微妙地产生变化，但这并不代表着彼此之间的爱会消减。

我们可以用自己的方式与孩子交谈并了解他们当下的成长情况、对不同事物的见解，我们可以带着半探讨的方式针对问题与他们互动，调动全部的智慧，用爱和善意接受他们的行为变化。这个时候，你就会发现，原来孩子在模式转化的世界中也会有很多小困惑，而此时的父母如果能以朋友的身份进入他们的世界，便可以促成更好的亲子关系，不是互动中的爱减少了，而是整体养育的相处模式悄悄地更新换代了。

真实的父母 VS 完美的父母

曾经有一个年轻人这样说："小时候总觉得父母是无所不能的，遇到问题他们就应该快速地扭转乾坤，可是当我活到了他们一样的年纪，才深深地体会到，当时的他们不是完美的，也不是无所不能的，他们也会为很多事情而烦恼，面对重大的难题也会手足无措，而因为秉持了对我的那份爱，他们只能故作强悍，拿出更多的勇气去直面那些自己根本就不知道怎么办的事。"

当一对夫妻转变为一对父母的时候，面对一个新生的生命，尽管提前会用各种方法学习"育儿经"，但理论与实践还是显得略有偏差，我们不知道怎么能够更好地教育他、培养他，也不知道怎样最大限度地塑造我们在他心中的形象，我们常常扮演"纠正者"的角色，却并非什么时候都是正确的。我们渴望让孩子看到自己的完美，却也难逃现实的尴尬，但不管怎样，一想到要在孩子面前将错误和盘托出，总是一件丢面子的事儿，这就是为什么孩子在小的时候总觉得父母是超人，而长大以后却源源不断地给父母的言谈举止挑刺的原因。

当孩子学到了更多的知识、见到了更多的人、接受了与我们之前截然不同的信息，他们会很快地对万事万物有了自己的判断，而每当意见与我们产生对立的时候，分歧是在所难免的。倘若在很早的时候，我们就将自己不完美的现实和盘托出，那么在产生对抗时，就更容易达成谅解了。无论是做大人还是做孩子，我们都是第一次、都在没有经验中总结经验，对待那些爱出错的地方又有什么不能和解的呢？

我们要深刻意识到，没有生来完美的父母，父母都是在磕磕绊绊中学习成长的，出现错误也在所难免，斯特娜夫人曾说过："勇于承认错误、探索新的谈话起点的父母，远比固执专横的父母要可爱得多！"作为父母，要勇于承担责任，不要让孩子误认为爸爸妈妈其实也是不肯认错、喜欢找借口的人。犯错不可怕，可怕的是逃避的心。当父母勇于承认自己的不足时，在孩子眼里依旧是那么可爱、可亲、可敬的人！

亮亮今年7岁，平时很顽皮，是老师父母眼中典型的调皮鬼，于是只要家里出了什么问题，爸爸妈妈就会首先想到是亮亮捣的鬼，而且多半都是十拿九稳。

这天亮亮正在自己的房间玩耍，突然爸爸气势汹汹地冲了进来，对亮亮说："是不是你把我公文包里的印章拿去玩儿了？""没有，我没看见什么印章。"亮亮说道。"不是你还能有谁，什么玩具不能玩儿非得动印章，你知道它有多重要吗？"爸爸越说越生气。"真的不是我！"亮亮委屈地说，"我根本就没看见什么印章！"

"小小孩子学会抵赖说瞎话了！"爸爸说，"我要是从你房间找到怎么办？说！你把印章藏哪儿去了，今天不说清楚别给我吃饭！""你随便找吧！怎么什么事情出了差错都找我啊！"亮亮说道，"你不是无所不能的超级爸爸吗？现在怎么又怪罪起我来？你当着别人一副慈祥的样子，真实的教育就是这样，有点儿什么麻烦就要算在我的头上。哼！不吃就不吃！"说着，亮亮把手头的玩具摔了一地，流着眼泪钻到了床上呜呜地哭起来……

这时候妈妈发现了情况，赶忙把爸爸拉到一边说："你不要再怪罪孩子了，你的印章不是昨天用完就忘在茶几上了吗？后来我把它收在茶几底下的小抽屉里了。"听到这话，亮亮哭得更凶了，他决定用绝食的方式表示抗议，一整天都冷冰冰地不说一句话。

爸爸知道是自己把问题搞错了，心中对孩子也充满了歉意，这时他走进亮亮的屋子，对趴在床上一声不吭的亮亮说："儿子，其实今天爸爸很不好意思的，但还是要向你道歉。你生而为人是第一次当儿子，而我也是第一次做爸爸，在此之前我们对角色一点儿经验都没有，难免不产生冲突和矛盾，这是一个相互磨合的过程，希望我们彼此都能理解。"

"难道磨合的过程就是要把错的事情归咎于孩子吗？"亮亮不满地说。"所以我来向你道歉啊！"爸爸说，"之所以有超级爸爸，是因为爸爸想要在亮亮心中塑造一个完美的角色，但现实中的爸爸其实有很多烦恼、毛病和问题，我并不是完美的，也并不是什么时候都能明察秋毫的。这个印章对爸爸很重要，如果丢失了很可能就会没有工作，所以超级爸爸立刻被打回了原形，一个问题爸爸的状态就油然而生。我真的要向儿子表示歉意，同时我也要坦白自己的不完美，因为唯有这样，亮亮才能更深刻地了解爸爸的问题，等到问题爸爸的状态重现时，也能予以相应的理解，毕竟人无完人，不管我们面对谁，也不要刻意地要求他是完美的，对吗？"

听了爸爸的话，亮亮隐隐地体会到了爸爸的苦闷，尽管爸爸没有将成年人的烦恼说得那么清楚，但作为孩子，他已经可以试着体谅爸爸了。"既然我们都不是完美的，那就尽可能让一切在相互体谅中尽善尽美吧！"爸爸说着，把儿子抱了起来，两个人就这样和好如初，而之后的亮亮也变得更加懂事、更能理解父母了。

我们时常不愿意把自己最真实的一面展示给孩子，因为成年人的世界太现实、太残酷，即便是在遭遇瓶颈不知所措的时候，也要尽可能地在孩子面前故作强大。其实，倘若我们能向孩子敞开心扉、坦白自己作为父母的不完美，整体教育反而会因此而更上一层台阶，它教孩子学会体谅、学会包容、学会设身处地地站在别人的角度思考问题，而这不仅仅是针对父母，对待其他人也是一样的！

和谐的夫妻关系是孩子健康成长的基石

很多人自从有了孩子，全部的身心就都扎在了孩子的身上，面对自己的婚姻关系却越发地冷落起来，总觉得两个人生活在一起这么长时间，早已经是老夫老妻的关系，不需要过分地传递爱慕和关心，也不需要刻意地像当初恋爱时一样亲吻拥抱。就这样，爱情的火苗渐渐脆弱熄灭了，大家开始处于单一的亲情模式生活在一起。

时间长了，情感的冷淡会带来很多问题，当我们当着孩子的面因为某个问题开始吵闹争执的时候，他们的小眼睛始终都在惊恐的状态下注意和观察，尽管他们并不知道我们为什么会争吵，但这样的场景却潜移默化地影响着他们幼小的身心，催化着负面效应，将一些麻烦引向将来。

经过专业部门调查分析，倘若孩子在夫妻关系良好的家庭长大，他们会怀有天然的勇气、乐观，他们身上的优秀特质会本能地彰显出来，善良与自信会引领他们走好后续的人生之路；倘若孩子生在夫妻关系不和谐的家庭，他们的性格中会本能地出现恐惧、焦虑、残暴、愤怒，他们会因为细小的事情而敏感，时不时地对这个世界带有莫名的恶意。

因此，于父母而言，面对与爱人两个人的世界，我们必须妥善地处理好彼此之间的夫妻情感，让整个家庭变得更温馨更和谐，至少当发生争吵的时候，可以避开孩子，不至于让他们受到自己情绪的干扰，这是我们对待孩子幼小心灵最起码的尊重和保护，也是对他们最大限度的关爱和坚持。

若若今年 5 岁，本来家庭是很和谐的，直到有一天她亲眼经历了一次父母之间的争吵，整个小小的人都好像变了一个模样。

事情发生在星期六，本来若若是准备跟妈妈一起出去玩儿的，结果没想到爸爸妈妈却在这个时候吵了起来。他们吵得很凶，谁也不让着谁，爸爸说："这个家算是没法待了！"妈妈也没好气地说："不愿意待你走啊！"爸爸说："你别以为我不会这样！"说罢，拿起衣服撞门而出。

经历了这样的场面，若若被眼前的一切惊呆了，为什么爸爸妈妈会那么生气，而自己又是如此不知所措的样子？到底是出于什么原因呢？

于是，若若把自己关在房间，开始下意识地模仿爸爸妈妈刚才的状态，她一会儿站在妈妈的角色说："家里的事情你都不管，现在还冲我发脾气。"一会儿又站在爸爸的角色说："那你想怎么办？不过就不过了。"就这样反反复复，若若把那一系列的台词都背会了，她突然有了一种想跟人大吵一架的愿望，看看自己练就的炉火纯青的台词会在小朋友面前发生什么情况。

好机会来了，这天幼儿园小朋友一起玩儿过家家，若若就按照爸爸妈妈吵架的状态对着身边的小朋友发起飙来："你看看你把家里弄得那么乱，你到底想不想过了？"看到若若一脸愤怒的表情，小朋友有些不知所措，他转过身来问若若："什么过不过啊！你是不是有神经病？"于是，很快两个小朋友就打了起来，把玩具胡乱地摔在地上，越吵越凶。

这时候，老师把若若拉到一边，问："若若，你这是什么情况？""我爸爸妈妈就在家这么玩儿的，这才是生活！"若若说，"他们吵架的时候，就是这么凶的。""哦！原来是这样，那若若当时在干什么？"老师问道。"抱着玩具熊躲在一个小角落观察他们。"若若回答。

听到若若的话，老师得到了答案，她立刻打电话给若若的父母，对他们说："夫妻之间的关系是很容易影响到孩子的身心健康的，如果真的发生了什么冲突，至少也要避开孩子，否则对孩子的影响是很大的。"

听了老师的话，若若的父母都很不好意思，他们没有想到一个吵架能给孩子带来这么严重的影响，从那以后，对于彼此之间的情绪，也变得更加克制了。

如果夫妻间不能正确表达情绪，将会导致孩子幼小的心灵受到很大影响，这样的事实在是太常见了。作为父母，倘若我们想从整体上给予孩子最好的陪伴和教育，那么就要先冷静思考，建立和谐的亲密关系。当遇到不可避免的冲突时，父母要学会以互相理解、信任、妥协、包容的精神去解决冲突。在这个过程当中，孩子也能学习到消除争吵的方法，并不会因为爸爸妈妈吵架而缺乏安全感。

同理心：构建亲子之间的默契

曾经有一部感人的电影，叫作《美丽人生》，讲述的就是第二次世界大战时期，男主角一家都被送进了集中营。当时孩子尚小，不知道自己的人生到底发生了什么。男主角作为父亲，为了能够让孩子尽可能地远离痛苦和恐惧，他尝试着用各种幽默的谎言，为孩子打造出一个虚幻而美好的场景。他告诉孩子，这里的所有人都在参与一场游戏，外面所有的德国兵都是为自己站岗的。就这样，这位善良的父亲一边忍受着残忍的折磨，一边如一个大孩子一般时刻陪伴着儿子。在生命的最后一刻，他依然编造着美丽的谎言，直到敌人拿枪对准自己的一刹那，他依然做着鬼脸，奉献上了大孩子与小孩子之间最后的默契。

作为父母，我们都是渴望保护孩子，也都是渴望为孩子创造愉悦的，可我们往往会被成年人的角色蒙蔽，无法站在孩子的角度思考问题。我们总是试图让孩子听自己的，却忘记了孩子的思考行动方式与我们自己是截然不同的。他们渴望游戏，而我们渴望安定；他们向往好奇，而我们青睐智慧；他们喜好模仿，而我们倾向沉默；而当他们试图创造一些什么的时候，我们却对他们的创造毫无兴趣。很多父母与孩子之间的关系怎么也达不成默契，如若总是这样摆出一副成年人的架势，恐怕你永远都无法和孩子做朋友了。

洋洋今年5岁，平时特别喜欢发明创造，他很想跟身边的父母一起游戏，但每一次遭遇的都是敷衍。每当他把自己得意的作品炫耀给爸爸的时候，爸爸总是一副无动于衷的样子："这有什么稀奇的，真是幼稚，爸爸这里很忙，你自己去玩儿吧！"

于是时间一长，洋洋觉得父母实在是无趣，他不再下意识地去跟他们沟通，而是越来越自闭地把自己关在房间和自己说话。时间长了，洋洋的话越来越少，在幼儿园里也是一副一言不发的样子。老师问他到底发生了什么情况，为什么不跟小朋友一起分享，他便哭着对老师说："爸爸说我的那些发明都是不值一提的，他根本就不跟我玩儿，所以其他人也一样不会跟我玩儿。"

听了这话，老师对洋洋很是心疼，于是打电话跟他的父母沟通。老师说："洋洋现在的情绪很不稳定，因为你们从来没有站在一个孩子的角度与他分享快乐。其实，孩子的想法很简单，就是希望父母能够陪伴他、能够与他一起做游戏。倘若你们不能够深入地理解他的内心，真到孩子出现了身心健康问题的时候，那一切就都晚了。"

听了老师的话，洋洋的爸爸妈妈终于意识到了问题的严重性，他们决定快速地改变对儿子的整体教育模式，做一个他身边的大孩子，一起参与他的游戏，和他分享童年的快乐。

这天妈妈给洋洋洗完澡以后，洋洋怎么也不愿意从浴盆里出来，他对妈妈说："我要在里面再玩儿一会儿水族玩具。"如若在往常，妈妈肯定会严厉地说："你要是再不听话，我可就让爸爸收拾你了。"可是，这回妈妈没有，她对洋洋说："哇，你知道吗？昨天我和爸爸发明了一个新游戏，比你泡在池子里还要好玩儿，现在就让爸爸给你演示吧！""好哇，好哇！"洋洋开心地说。

此时，爸爸笑嘻嘻地走过来问："儿子，你有没有坐过火箭呢？""没有！"洋洋说道，"不过嗖的一下应该很刺激。""那就让我们一起来玩儿这个游戏吧！"爸爸一边说一边抱住洋洋的小腰说道："火箭一级准备、火箭二级准备、火箭三级准备，火箭放！"就这样爸爸把洋洋嗖的一下举起来，一溜烟地跑出洗澡间，将他安顿到床上的大浴巾里。整个过程、洋洋始终都在笑，他觉得这个游戏实在是太有意思了。

"儿子，有意思吗？"爸爸问道。洋洋说："太有意思了。""爸爸还会好多游戏呢！以后一个个展现给你玩儿，但是有一个条件。"爸爸说道。"什么条件？"洋洋问道。爸爸回答："每天开心，而且开心地对待身边的每一个人。这是大孩子与小孩子之间的约定，越是开心，越是会有无穷的创造力。"洋洋听了爸爸的话，爽快地说："嗯，爸爸，你放心吧！我们的合作会越来越默契的。"

从成年人到一个大孩子，这是一份殊荣，也是一份挑战，很多时候我们不知道怎样以一个大孩子的角色与孩子交流，因为在成年人的世界里待得太久了，所以总是理所当然地用大人的眼光去管理、衡量孩子，其实只需要我们稍稍变换一下角色，与孩子之间的关系就会变得很有趣。他们不但更愿意向我们敞开心扉，还会在增进这份友谊的同时，与我们形成更多的默契，而整体养育也就在这时开出了璀璨的花。

面对问题，和孩子共同成长

很多父母都感慨："以前没感觉出来，可是现在发现，自己给孩子的爱还是太少了，面对那么多烦琐的问题，我总是想锻炼他自己解决，当看到他手足无措的时候，心里还在生气，而事实上，这可能是他当下最痛苦无助的时候，作为父母，我就这样站在他的身边，却没有想要给予他任何宽慰。其实，如果早期能接触到整体教育，我就会知道如何更好地在这一时刻陪伴孩子，就不会指责他，而是会在一边和他一起分析问题，我们会将最后的方案予以实施，一步步地鼓励他去执行这一切，很可能是一趟有趣的旅程，我们会彼此享受，而不是引发争执。"

确实，很多父母都会在这样的问题上出现一些误差，父母觉得孩子能够解决这些问题，却时常高估了他们的能力。成年人的思维模式与孩子的思维模式本身就是有区别的，那些我们看似简单的问题对于他们很可能是人生第一次，倘若我们跟他们站在一条线上，以军师的角色去训练他们，往往效果会更为显著。

有这样一个两岁的小男孩，尽管个子还小，他还是试图自己从冰箱里拿牛奶，但牛奶的瓶子太滑了，一不小心，瓶子就摔到了地上，牛奶飞溅得到处都是，犹如一大片白色的海洋。他被眼前的一切吓呆了，心想如果要让大人看见，后果一定很严重。

这时候，妈妈走进了厨房，看到此情此景以后，并没有批评他，更没有大呼小叫地要去惩罚他。她只是温柔地对他说："哇，我亲爱的宝贝，你制造的混乱还真是棒！我从来没有看过这么大的牛奶画，一切已经这样了，在我还没有把它们清理干净之前，不如先欣赏一下'牛奶画'，但小心不要被牛奶瓶的碎片划伤哦！"

于是，孩子便蹲下身子看了一会儿牛奶画，几分钟后，妈妈又对孩子说："宝贝，每当你制造了这样的小插曲，最好还是自己将一切清理干净，你想这样做吗？比如现在，妈妈先捡好牛奶瓶碎片，宝宝用拖把把牛奶吸干。"

孩子和妈妈开始一起清理打翻的牛奶。此时，妈妈又说："宝宝，我们如何用两只小手拿住大牛奶瓶子。你刚才的试验已经失败了，现在就让我们到后院去，把瓶子装满水，看看自己怎样才能拿动它。"

经过试验，孩子吸取了教训，他发现如果用双手抓住瓶子的上端，即接近瓶嘴的地方，他就可以抓住瓶子不至于脱落。看到孩子有了长进，妈妈竖起大拇指欣慰地说："我的宝宝是最厉害的！"

这个孩子长大后成了一个拥有重要医学成就的科学家，他的名字就是史蒂芬·葛雷。史蒂芬·葛雷说："从那一刻我就知道，我不需要害怕错误，因为错误是学习新东西的机会，即便是后来真的遭遇失败，也能从中学到很多有价值的东西。"

不论是成人的世界，还是孩子的世界，不管是出于愿意还是不愿意，问题和错误都是会随时发生的，对于事件而言，它不过是一种呈现，只要我们面对它的处理方式足够智慧，就会将那心中糟糕的情绪快速地挥散掉。

错误不仅仅是错误，错误也可以是一个惊喜，它会教会我们成长，而作为孩子身边的军师，我们更是要在这样的情境下"扭转乾坤"，让孩子从不安中回归平静，从沮丧中解脱，我们还要与他一起分享经验，和他站在同一条线上。这样一来，每当遇到问题时，孩子就不至于手足无措，对于那些焦虑的情绪也不会再那么恐惧了。

第五章
内驱力，父母与孩子共同成长

　　培养孩子的自我认知意识，是父母要给孩子上的一堂重要的课。只有客观地认识自我，才能正确地评价自己。一旦孩子能清晰地认识自己，就会产生人生的内驱力，他愿意为实现自身价值去做各种积极的努力。而父母要做的不是去培养一个随波逐流的孩子，而是和孩子一起去发现其身上与众不同的地方。

一场认识自我的超人拉力赛

你是不是也会在夜深人静的时候，纠结过一个哲学问题——"我是谁？"这个简单的问题有没有把你难倒？生活中我们会遇到形形色色的人，有人自负、有人自卑、有人自信、有人毫无主见……其实，这些性格背后都有一个共同的原因，就是不能正确认识自我。

网上曾有一篇很火的帖子，是一个成年人写到自己的苦闷："小时候，我就是一个没有自我的人，生活几乎都被父母安排，兴趣爱好的选择随波逐流，表达观点的时候人云亦云。长大后，我也从来没有想过自己有什么存在的价值。我不知道自己有哪些优点，也不知道自己的缺陷在哪里，没有目标，也没有动力。总觉得在这个世界上可有可无。遇到问题，我会下意识地去模仿别人的处理方式，或许那并不是我想要的。总感觉自己的生命中缺失一堂'自我认识'的课。"

他的困扰引发了网上很多人的共鸣。如果有一天，你发现自己的孩子也出现了这种苦闷，你会不会想到底是哪里出现了问题呢？

从 3 岁到 12 岁，这是孩子形成自我观念的阶段，他们会渐渐地感知到自己的性格，学会更好地控制自己的情绪和身体，他们会思考自己是一个什么样的人，同时也开始下意识地把自己喜欢的东西"加载"进生活中。这时，就需要父母与孩子进一步地沟通，帮助他们认知自我、增进对自己的观察、了解内心的真正需求，而对于整体教育而言，这是至关重要的。

牛牛是乖巧又有点儿内向的孩子，无论在家还是在幼儿园，都少言寡语。有一次，老师问他："牛牛，你觉得自己身上有什么优点？""不知道！""缺点呢？""也不知道！""那你将来想做什么呢？""不知道！""那你觉得未来你会成为一个怎样的人？""不知道！"说着说着，牛牛自己流下了委屈的眼泪。老师问："牛牛，怎么了？""我对自己真的一无所知。"他一边流眼泪一边说道，"我真的不知道自己想干什么、能干什么！"

听了牛牛的话，老师关切地抚摸着他的头，并把牛牛的情况如实反映给了牛牛父母，对他们说："这个孩子看起来乖巧懂事，可事实上在认知自我这件事上存在严重缺失，如果我们不能及时地为他补上这一课，那么对于他未来的影响将非常严重。"听了老师的话，牛牛的父母也引起了高度重视，他们开始为牛牛的未来担忧，也决定竭尽全力为牛牛打开"认知自我"的大门。

这天，爸爸妈妈亲手制作了很多精美的小卡片，并喊来牛牛一起做游戏。爸爸对牛牛说："牛牛，这个游戏的名字就是'认知自己'，我们需要把这些小卡片拼成一个个生活中的小片段，并通过这些内容对自己予以评价，看看目前自己究竟是一个什么样的状态、有什么优点和缺点、想成为什么样的人、去做什么样的事。"听到玩儿游戏，牛牛兴趣很高，于是一家三口便开始了一节家庭课堂。

首先，妈妈出招了，她拿起几张卡片说："我把卡片排序了，昨天我买了很多东西，都快拎不动了，牛牛很快上来帮助了妈妈，所以牛牛是一个懂事又孝顺的孩子，这算不算牛牛的优点啊？""当然算了！"爸爸说道，"下面看我的。有一次我在用电脑，牛牛说电脑实在太神奇了，如果未来牛牛的大脑能像电脑一样神通广大，那该多么了不起啊！这说明牛牛对未来自己成为什么样子是有期待的，对不对？"

"现在该轮到牛牛了。"妈妈说道。牛牛看着这些五花八门的卡片，开始用心地选择拼凑起来。他说道："有一天，我被电视节目《中国诗词大会》深深地吸引了，看得津津有味，为满腹经纶的哥哥、姐姐们拍手称赞。我也喜欢这些诗词歌赋，以后我要多阅读、多背诵，成为一个能出口成章、博学多识的人。"听到这，爸爸妈妈的眼角闪烁出激动的光芒，妈妈进而说道："其实，我们的牛牛是认识自己的，他知道自己最想做的事，也知道自己的优点是什么，他知道为自己树立目标，也知道如何去实现目标。牛牛是爸爸妈妈的骄傲，未来一定会有所作为的。"

就这样，爸爸妈妈每天都会抽时间和牛牛玩儿类似的游戏，游戏的内容从怎样树立理想到如何掌控身体，从怎样处理情绪到如何更好地完善性格……时间一长，他们发现了牛牛的变化，他变得更加乐观、更善谈、更富创造力，他告别了以往扭扭捏捏的自己，变得敢于发言，更加热衷表达自己。

对于孩子来说，认识自我是需要一个过程的。正确认识自我，对孩子的行为有着很重要的调节作用。那么，父母帮助孩子认识自己，就好像一场专门为他们设置的拉力赛，我们需要在这个过程中，让他们意识到自己拥有的、自己擅长的，也让他们正视自己的不足，这样才能在成长的路上从他人身上取长补短，自己也能更好地扬长避短。

要知道每个孩子都渴望能了解自己，这时就需要父母引导孩子找到身上的闪光点，多去发挥自己的优势。只要我们给孩子传授智慧的密码，他们就会在一路上不断寻觅自我、探知自我，直到与最真实且优秀的自己不期而遇。

自尊是需要用智慧驾驭的

一个孩子的自尊心到底有多强呢？

朋友圈被刷屏过一个视频，6岁的小女孩在上网课的时候，被同学开玩笑地说她长胖了，她忍不住委屈地大哭，并且马上站起来一边哭一边运动起来。很多妈妈纷纷在下面留言，同款娃的请举手，大家都表示："别看孩子小，自尊心都可强着呢！"

其实，孩子从两岁开始，自我意识就逐渐成熟，自尊心会越来越强。而正在成长的孩子，内心又比较脆弱和敏感。于是，很多父母都感觉苦恼："支持夸赞得太多，自尊心爆棚反而不好管教，但如果没有自尊心，又容易自卑或不上进。"

其实，在孩子的自尊心这件事上，父母要教会孩子如何用智慧掌控自尊心，比如：怎样不费吹灰之力维护自尊，即便被别人攻击的时候，也能泰然自若；如何以智慧的方式去应对他人的挑衅。在整体教育中，智慧的方法正是保护好孩子自尊心的密钥。父母教会孩子这些不仅是一堂尊严课，也是富有真实意义的社会课。

周围人都说壮壮的脾气太大了，但按他自己的说法是，每一次发脾气都是因为别人挑衅自己的自尊心。有一天，壮壮又和班里一个叫琦琦的男孩扭打起来，老师询问原委，琦琦委屈地说："我只是说了他几句，没想到他上来就打我。"于是，老师对壮壮说："你们两个要互相道歉，同学间要友好相处。"老师让道歉，壮壮的自尊心就更受挫了，他一整天都闷闷不乐，回到家就大哭一场。

看到儿子情绪反常，爸爸妈妈走过来了解情况："儿子，这是怎么了？""今天我和琦琦打架了，他嘲笑我笨，说我成绩太差，像我这样低智商的人，永远都学不好数学。我听了以后真是太生气了，他这是在挑衅我的自尊心。"

听完孩子的遭遇，爸爸妈妈面面相觑，这时爸爸对牛牛说："儿子，你知道维护自尊心最好的方式是什么吗？""什么？"壮壮好奇地问。"处变不惊！"爸爸说，"无论他说什么，你依旧镇定自若地做自己的事情。时间长了，别人会认为你有问题还是他有问题？""咦，也是啊！"壮壮眼睛忽然亮起来，"那接下来怎么办呢？""自己好好努力啊！"妈妈说道，"用自己的实际成绩证明他是错的，这是对挑衅自尊的人最有力的回击。""儿子，别动不动就发脾气，自尊心是需要用智慧驾驭的。别人即便再绞尽脑汁地讽刺你、嘲笑你，都不要生气，要用冷静镇定的态度回击，这样从气势上咱们已经占上风了，不是吗？"爸爸说道。

听了爸爸妈妈的话，壮壮终于不哭了："哼！以后琦琦再嘲讽我，我就当没听见，任凭他把自己说得口干舌燥，我也不理会。今后我要好好学习，各门成绩都要超过他，让他无话可说。"

从那以后，壮壮的性格越来越平和，老师向家长反馈说："现在壮壮很少跟班里的同学产生争执，即便隔壁班同学故意挑衅他，他也是一副泰然自若的样子，变化真是挺大的。学习也更努力了，考试成绩也有了很大的进步。"听到这样的评价，壮壮的父母脸上洋溢出会心的微笑。

很多父母一遇到孩子与别人发生冲突时，不是指责孩子在外面给自己惹事，就是风风火火地去找对方家长理论。然而，只要我们静下来分析，就会发现孩子之间的争端，多是因为想要捍卫自己的自尊心而已。与其让他们因此源源不断地产生负能量，不如和他们一起坐下来权衡利弊。我们需要教会孩子正确处理自尊心泛滥的方法，帮助他们在维护自尊心的同时，不至于因情绪而引起更大的问题。我们还需要告诉他们，自尊心是可以用智慧驾驭的，但首先自己要做的就是平心静气，不要受其他人负面言论的左右。

在这一点上，我们也不要压抑孩子的情绪，而是教会他们把能量进行有效的转化，变成更积极的信念，然后再支配自己的行动。鼓励孩子通过努力去证明自己，通过持续的改变去提升自己。久而久之，孩子会享受努力的过程，而不在意他人的挑衅和异样的眼光，从而更加全身心地为理想奋斗，这既是一种能力，也是一种智慧。

学会用云淡风轻的态度化解尴尬，用智慧驾驭自尊心，这种能力会伴随孩子的成长，并使其终身受益。只有如此，才能帮助他们更好地驾驭自我、更好地经营人生。这就是整体教育最丰硕的成果，它让我们的孩子成为一个沉着面对挑战的人。

别让从众心理阻碍前行的路

在孩子的成长过程中，父母们不难发现，有些孩子不喜欢动脑思考，遇见问题的时候，他们通常都没有属于自己的答案，而是更愿意依附别人的想法，这些孩子喜欢从众，缺乏自己的主见和创造力。

　　一位妈妈曾描述过这样的场面："现在的孩子也不知道怎么了，动不动就一呼百应！一次，我和朋友带几个孩子出去玩儿，途中只要一个孩子说上厕所，其余几个一定也去；一个孩子说要喝可乐，其他孩子也吵吵要喝；一个孩子说喂小动物没意思，另外几个孩子也不去玩了……怎么就没有一点儿自己的主见呢？"

　　不得不承认，父母们这样的忧虑也是有原因的，童年是孩子养成自我决断力的关键阶段，如果这时，他们总将目光看向别人，以别人的想法和行为作为标准，拒绝进行独立思考，时间一长就会对他们性格和心理造成影响，比如缺乏判断力、思维习惯固化、轻信于人等，渐渐就形成了讨好型人格。虽然世界上随波逐流的人很多，但没有主见和独立思考能力的人最容易陷入迷茫。因此，父母们应该从现在就行动起来，引导孩子去独立思考，不做随波逐流的大多数。

　　玲玲今年8岁，老师说她各方面表现都不错，就是在处理事情上缺乏决断力，别人往东她就跟着往东，别人往西她就跟着往西。尽管玲玲在学习中刻苦努力，与同学相处时也从未发生过争执，但老师还是觉得如此下去，玲玲会容易丧失自我。

　　于是，老师把玲玲的情况反馈给了她的父母，并对他们说："孩子不作判断地一味顺应别人，我担心时间长了容易缺乏主见，很容易被别人左右，可能会不利于心理成长。假如长大后也无法勇敢地传达自己的想法、表达自己的态度，那时候就严重了。"

听了老师的话，玲玲的父母才忽然意识到，自己娇俏可爱的女儿正在因"从众效应"而丧失自我，他们开始有些担忧。其实，爸爸妈妈观察这件事也已经很久了，平时玲玲跟他们交流的时候，从来不用第一人称，而是动不动就引用别人的思想和逻辑，比如说："聪聪说这道题其实一点儿都不难。""晓晓说这件事也没什么大不了的。""楠楠说她想要一个超大个的抱抱熊，你们也给我买一个吧！""美美说她每天都和芭比娃娃睡在一起，所以玲玲也想和芭比娃娃一起睡。"……起初爸爸妈妈还觉得这不过是孩子的口头表达习惯，但如今看来，其中的问题要比他们想象的更严重。

为了能帮助玲玲找回自我，爸爸妈妈决定跟孩子促膝长谈一次。这天，玲玲放学回家，又像往常一样用第三人称跟父母交流。"贝贝说只要这次她能考一百分，爸爸就会奖励给她一个玩具。"玲玲说道，"我们班好多小朋友都这样，比如星星和月月。""那玲玲自己想要什么？"爸爸问。"他们要什么，玲玲就要什么，跟着大家选总不会错的。"玲玲说道。

接着爸爸语重心长地说："玲玲就没有自己喜欢的东西吗？凡事都跟着大家就都是对的吗？这可能是没有主见的行为哦！爸爸给你讲个故事吧！""讲故事？"玲玲兴奋地说，"好呀好呀！"

"从前有一只猫头鹰，飞到了一个充满安宁祥和的村子。因为村民从来没有见过这种动物，所以大家都被它可怕的外形吓坏了。这时人们开始议论：'这是会带来不幸的东西，落到哪儿哪儿就会爆发灾难。'于是，所有人听后都紧张极了，他们一边躲避猫头鹰，一边试图驱赶它。这时候，有人提议：'让我们烧一把大火吧！把这该死的家伙烧死，这样就不会再有可怕的事情发生了。'于是，村里到处都升起火把，而猫头鹰见状则吓得到处乱飞，它一会儿停在这儿、一会儿落在那儿，村民们只要发现它，就会瞬时把火把扔向它，最后大火不但没有烧死猫头鹰，反倒是把整个村子烧了个精光。玲玲，你觉得大家这样的行为对吗？"

"哎呀！简直太傻了。"玲玲捂着肚子笑起来，"一只猫头鹰，有什么好怕的。它还能抓老鼠，吃害虫呢！""这就是问题了，不是有一句话嘛！真理往往掌握在少数人手中。对于任何事，我们必须有自己的主见，必须要有自己的判断力，不要别人说怎样就怎样。即便是有很多人都这么做，自己也要停顿几秒，独立思考一下这样做对还是不对。如果长大进入社会后，有一天你发现所有人都一窝蜂地扎进一个地方，或许这个地方已经没有太多机遇了呢！机遇都是青睐那些理性思考的人，越是有主见，它就越是会与你如影随形。所以，宝贝女儿，你知道你的问题出在哪儿了吗？"

听到爸爸的话，玲玲不好意思地低下头。从此以后，每当遇到问题的时候，她都会静下心来多思考一会儿。时间一长，她开始拥有了独立思考的能力，连老师也说："玲玲看上去比以前更有自己的想法、更有自己的主见了！"

往往讨好型人格的孩子缺乏自己的主见、没有自己的想法、缺少独立解决问题的能力，甚至在机会面前也不懂得争取。因此，作为父母，我们需要培养孩子独立思考的能力，帮助他们建立起自己的主见，尊重孩子的选择，以鼓励和赏识教育为主，与讨好型人格说拜拜。

这是整体教育中的必经之路，唯有让孩子成为真正的自己，他们才能更好地面对人生的磨砺，以更理性的思想洞察虚实，最终做出自己认为最明智的判断和选择。

特立独行，别只做个"听话的好孩子"

在成长的路上，有的孩子就一直被贴上懂事、乖巧、听话的标签。小时候，他们是父母眼中听话的好孩子；上学后，他们是老师口中听话的好学生；上班后，他们是领导心里听话的好员工。直到有一天，他们自己厌烦了这种听话的模式以后，想要听听自己的声音时，才发现那个真正的自我丢失得太久，已经渐行渐远，想要重新找回，真的很难。

此时，你再回想一下，童年时代那个特立独行的孩子，是不是很有魄力，无论他们当时的表现是否足够出色，至少他们勇敢地做自己。他们不会刻意地把眼光看向别人，而是更加尊重自己的意愿。相比于顺从别人的安排，他们更愿意把倾听的耳朵留给自己、接纳自己。如果你的孩子也有着这样特立独行的举动，请给他支持和点赞。

帅帅从小就是一个特立独行的孩子，尽管在别人眼中，他的行为总是有些怪怪的，甚至和大家都格格不入，但他从来都不在乎别人的想法，每天都过得很开心。

有一天，老师给大家出了一道难题："小朋友们，现在老师给大家讲个故事。从前有一个渔夫，他从神殿宝库里偷来了财富、智慧和健康。可是到了渡船的时候，他发现船上只能装一件东西，于是便坐在岸边发起愁来，究竟应该把哪一样东西装上船呢？小朋友们，老师问大家，如果你们是渔夫，你们会做何选择呢？"

"我会选智慧，因为智慧可以帮助我们得到一切。"一个小朋友说道。这时，很多小朋友附和道："对，就选智慧，智慧是世界上最神奇的力量，只要有它做什么事都能成功。"于是，老师问道："那有多少小朋友选择智慧呢？"几乎所有的小朋友都举起手来，只有帅帅表示出了一脸的不认同。"哇！这么多小朋友都选择智慧啊！帅帅，如果是你，你会选什么呢？""什么都可以，反正都一样。"帅帅说道。"哦？那老师倒是想听听帅帅的想法呢！"老师好奇地问，"为什么什么都一样呢？"

"选智慧，智慧就会带着你得到财富和健康；而选财富，意味着你在各个方面都很富足，自然财富也是靠智慧的大脑和健康的身体通过努力获得的；至于选择健康嘛，意味着你生命中的一切都是最佳的状态，身体健康、心理健康、思想健康、财务状况健康……一切都是最美好的。所以我觉得，不管把哪个搬到船上，只要他不贪心，美好的一切就都会属于他。"帅帅说道。

听到帅帅的答案，老师非常惊喜，问道："你有如此强大的思考力，老师很开心。这些想法都是你自己的吗？""当然！"帅帅说道。看到帅帅一脸得意的样子，老师会心地点了点头。

　　事后，老师把帅帅的表现告诉了他的父母，并对他们说："帅帅是一个很特别的孩子，他的思考力和判断力都很强，这是非常好的事情。我很想了解一下你们是怎么教育他的呢？"听了这话，帅帅的父母笑了笑说道："我们只是不想束缚他的天性，把他教育成一个只会'听话的好孩子'。平时的生活中，我们鼓励他自己多思考，尽可能地倾听自己的想法，想要什么就坦诚相告，不想要什么也直抒胸臆。我们不会把孩子的思维禁锢在我们的意见上，只要他的想法合理，我们都会大力支持。因为我们觉得，从孩子整体的教育来看，他应该成为一个有主见和拥有独立思想能力的孩子。或许有些事，现在他的想法很荒诞，但错了也没有关系，不断试错也会促进其成长，这些都能不断提升他的创造力和行动力。"

　　听了帅帅父母的话，老师欣慰地说："如果所有孩子的父母都像你们这么明智就好了。"

　　与其让孩子听从父母的话，不如让他们更好地听从自己的内心，他们需要在自我这件事上找到感觉，这样才不至于在人云亦云中迷失自我。孩子的创造力是宝贵的，他们的思考力是需要保护的。从整体教育而言，想要让孩子发展得更完整，就一定要支持他们拥有特立独行的勇气。

　　伟大的发明家爱迪生在发明电灯的时候，也是经历了一千多次错误，但他还是坚持不懈地进行实验，最终他特立独行地尝试让灯光照亮了整个世界。特立独行的孩子想象力更加丰富，在敢想敢做中让自己乘风破浪、勇往直前。有时孩子的特立独行并不是一件坏事，而是自信与自我的突破，更需要家长的信任、支持和保护。

自我挑战，对儿童成长的重要性

很多父母都鼓励孩子要勇于挑战，挑战困境、挑战未知、挑战质疑，然而有时候也会事与愿违，最后孩子不但没有挑战成功，反而身心疲惫又很被动。究其原因，主要是我们没有让孩子看清自己真实的对手，我们以为真正的对手来自外在，却从来没有着眼于孩子本身。其实，世界上最强大的对手就是我们自己，想要更有效率地挑战对手，就先要从了解自我开始。

对于一个孩子而言，了解自己并不是一件易事。当他们不愿承认自己的错误、不愿意担负起应负的责任，下意识地逃避缺点或者短板，开始对心中的理想犹豫不决的时候，作为父母，我们可要注意了，那可能就是孩子在进行自我逃避。他们不愿接受那个消极不安的自己，越是如此就越被动，最终他们的对手就会变得越来越强大。

因此，当一个孩子不愿意面对自我的时候，他的思想和行为都会陷入消极被动，他总是习惯去观察别人的行为举止，并加以模仿或照搬，而对自己毫不了解。这时，作为父母，我们应该给予他积极的肯定，让孩子能从容地接受自己的挑战，在一步步的进阶中不断实现目标，从而成为更强大的自己。

星星是一个特别害羞的孩子，班集体组织的活动，他从来都不积极参与，他也不知道自己擅长什么。就这样，星星成为班级里最不爱发言的学生，他从来不表达自己的观点，就算老师叫他发言时，他也总是羞怯地傻笑。

时间长了，星星的自我认知感更是逐渐消失了，他对班集体中发生的任何事情都毫不在意，对别人提出的问题也选择避而不答。个别同学觉得他好欺负，有时候对他冷嘲热讽，每当这时，星星就会陷入本能的恐慌，但是他不知道怎么保护自己，也不知道怎么处理这些问题。

针对星星的现状，老师专门打电话给星星的父母，希望能和他们达成一致，更好地帮助星星。听到星星的情况，爸爸妈妈也很着急，他们决定针对这个问题和星星好好谈谈，帮助他树立自我观念。

这天，星星一回家就把自己关进房间里，爸爸妈妈透过门缝探听里面的情况，发现星星正在摆弄一只自己精心制作的纸飞机。"哇！这只纸飞机实在太漂亮了。"爸爸假装端着水果走进来。"爸爸，有事吗？""看来星星很喜欢飞机啊！"爸爸说。"嗯！特别喜欢。"星星说道。"那以后想参与和飞机有关的工作吗？"爸爸问道。"飞行员。"星星突发奇想地说。"那这个理想可不是随便说说哦！"爸爸说道，"如果有一天，别人说你不适合当飞行员怎么办？""这……"星星顿时眉头紧锁，不知如何作答。"如果班里所有的小朋友，都认为星星不能当飞行员，星星还会坚持吗？"爸爸继续追着问道。"我……"星星低下了头，不知该如何是好。

"儿子，你的理想跟别人没关系，不管别人说什么，都不应该左右你的选择。"爸爸说道，"就拿飞行员来说，你可以把它视为自己对理想的挑战，你要先了解一个真正的飞行员需要具备哪些特质，比如勇敢、敏捷，当然还有超强的决断力。""飞行员的工作可不只是你看到的开飞机，如果对突发事件没有决断力，在天上飞行时可就危险了。飞行员不仅要对自己负责，还要对飞机上面的所有人负责，对不对？""对！"星星说道。"所以，星星现在就要对自己下挑战书了，从今天以后，星星先要明确自己的目标，不再人云亦云，而是要以优秀的飞行员为榜样要求自己。"爸爸说道。

听到这话，星星的眼睛里闪耀着激动的光芒，他好像看见了自己驾驶着飞机飞在了蓝天上，那种自由兴奋的感觉无以言表。此时，爸爸说道："儿子，现在跟爸爸打开电脑，看看我们现在应该为成为飞行员做哪些准备吧！""真的可以吗？"星星惊喜地问道。"当然！你的人生你做主，敢于自我挑战的人永远都是最棒的！"

于是，星星和爸爸一起搜寻网页，查找成为飞行员的资历和要求，这时候爸爸对星星说："嗯，现在星星需要制订一个计划，我们需要提高体能、锻炼筋骨，还需要训练敏捷的思维能力和应变能力，当然决断力是必不可少的，因为飞行员要对可能发生的各种情况进行判断，还有……"爸爸一边说着，星星一边在旁边记着笔记，他将飞行员所要具备的一切特质都当成了自己奋斗的理想。渐渐地那个性格怯懦的星星消失了，他开始变得积极而充满斗志。他对爸爸说："我一定要挑战自己，成为一名出色的飞行员。""好啊。"爸爸说，"那现在就写份自我挑战书，当着爸爸妈妈的面，发起自己的宣言吧！"

从那以后，星星像变了一个人，因为树立了理想，也制定了具体的目标，并知道挑战在哪里，他开始变得积极而努力，并且不畏挑战。老师反馈说："星星现在越发有活力了，简直跟曾经的自己判若两人！"

想要改变现状，就必须勇敢地向自己发起挑战，改变那个唯唯诺诺、遇事被动的自己。父母们需要让孩子正视自己的不足，端正他们的态度，让他们以更饱满的热情应对当下的每时每刻、面对未来的无限可能。

我们需要让孩子知道，在挑战自我中发现自我，在历练中激励自己前行，我们既是自己的战友，又是自己的对手，这是一场专属于我们自己的格斗游戏。在这个过程中，孩子要学会坚持、果断、勇敢、有担当，唯有英勇的斗士，才能掌控自己的人生。勇于挑战是对自我内心层面的一种认可，也是对自我能力的一种认可。孩子懂得挑战自我，就能够促进自我提高和自我完善，这使他们拥有一种内在力量，从而使他们的人生拥有更多的主控权。

第六章
拥有成长型思维的孩子挫败复原力更强

　　每个孩子都是在摸爬滚打中成长起来的，这一路上难免有困难、迷茫，也有挫折和痛苦，这是生活对他们的考验，也是对其性格的磨砺。当孩子面对挫折时，最能给予孩子力量前行的人，就是父母。父母要做孩子成长路上的引领者，为他们答疑解惑的同时，让孩子拥有直面挫折的能力。

接纳孩子的负面情绪

"一个小孩儿，能有什么压力？我看都是装的！"

"我们给孩子创造这么好的物质条件，他们什么都不用操心，怎么还会不高兴？"

"现在的孩子真是太玻璃心了！"

这些父母的声音，是不是常充斥在你的耳边。在父母眼中，丰衣足食的孩子应该是"少年不识愁滋味"的，认为孩子的痛苦和迷茫就是无病呻吟。其实，这是一个典型的认识误区。当自己的孩子郁郁寡欢、满心迷茫时，父母们又开始担忧，却找不到原因。

我们要知道，每个孩子在成长的路上都会遇到各种各样的挫折与失败，产生各种困惑和无奈，成长的过程都是跌跌撞撞的，难免会有痛苦和迷茫。他们或许会因为考试成绩不理想、跟父母或同学关系不融洽、遇到不喜欢的老师、爱好得不到父母的支持等原因，出现焦虑、抑郁等情绪。如果你长期忽视孩子内心那些隐秘的角落，那么负面情绪会对孩子的性格和情绪产生严重影响。

最近，溪溪每天都不想起床去上学。妈妈问她原因，溪溪也说不清楚。时间久了，妈妈逐渐失去了耐心，认为是溪溪无理取闹，并且开始强制她去上学。于是，溪溪家的早晨每天都以无奈的吼叫与无助的哭泣开启：

妈妈："你能不能痛快地起床？我还着急上班呢！"

溪溪："我不想去上学，我每天都不开心！"

妈妈："你有什么不开心的？每天不愁吃、不愁喝，又没有工作压力。我看你就是懒，不想起床！"

溪溪开始哭泣，觉得自己很痛苦，很迷茫。可是妈妈不理解自己，只会发脾气。

妈妈冷静之后，反思了自己的教育方法，又给老师打了电话，了解了孩子在学校的一些情况。原来，溪溪最近和好朋友闹矛盾，影响了她的心情，导致听课的时候注意力不集中。加上最近学习的知识比较难，溪溪不能很好地掌握，月考成绩不理想。于是，溪溪的心情就更糟糕了，由此陷入了恶性循环。

一直以来，父母们关注孩子的身体健康，只在意孩子吃得好、穿得好，却忽略了一件事，身体上的伤口总会愈合，而心理上的伤痕往往会伴随一生。如果父母不能真正理解孩子，发生问题时，只会一味地漠视或指责，还会加深孩子的痛苦。因此，面对孩子的痛苦与迷茫时，父母们要从心灵层面来解决，才是根本之道。

首先，引导孩子说出自己遇到的困难。此时，父母不要过多干预，只需要认真地倾听，让孩子感受到我们十分重视他们的事，喜欢与他们交流。接着，引导孩子倾诉心里的感受，把痛苦情绪都宣泄出来。无论孩子的情绪有多么激动，父母也要表示理解，和孩子产生共鸣，这样可以让孩子的负面情绪得到释放。然后，父母帮助孩子分析痛苦与迷茫产生的根本原因，可以给孩子提供一些解决问题的建议。最后，我们别忘了及时肯定孩子、赞美孩子，增强他们的自信心、再给他们一个大大的拥抱，告诉他们："爸爸妈妈永远爱你，永远理解你、支持你！"让孩子感受到温暖和力量，并且拥有面对挫折与失败的勇气。

其实，当孩子出现一些问题时，父母们肯定会焦虑和烦躁，但是冷静过后，需要我们反思并寻找解决的方法。只有这样，才能真正抚平孩子内心的伤痛、带他们穿越重重迷雾。

生活中，父母还要及时发现孩子情绪的波动，实时了解孩子所经历的挫折和痛苦，并引导他们说出内心的感受。我们要做的是倾听、理解，并给予适度的帮助和情感支持。只有这样，才能让孩子用积极的态度和正确的方法去战胜成长路上的苦痛，从而走出成长中遇到的迷茫。

家庭教育是一个静待花开的过程，需要父母具备充足的耐心、科学的理论知识及方法，才能帮助孩子驱散心中的痛苦与迷茫，从而为孩子塑造乐观与坚毅的优秀品质。

消极念头背后都有积极意义

在我们的常规认知中，父母教育孩子的时候，都会鼓励他们拥有一个积极向上的情绪，因为这种情绪可以带来更正能量的好心情。反之，如果持有一个消极颓废的念头，就容易引发负面的坏心情。然而，当你深入思考会发现，任何事情都有两面性，比如盲目的积极更容易带来短视，因而无法未雨绸缪；理性的消极却能给人不断探索问题和思考的驱动力。

因此，当我们的孩子产生了某种消极念头的时候，父母也不必过于紧张不安。其实，换个角度看，或许那些焦虑、愤怒、伤心、厌恶等消极情绪也能起到一定的积极作用，或许这些情绪能激励我们采取行动去改变现状。

例如，焦虑不只是扰人心绪，也是在暗示附近可能有危险，从而促使我们集中注意力，应对危险；愤怒则是提醒我们受到了侵犯，可能有人闯入了我们的安全区，从而促使我们攻击或者示威；伤心是提醒我们可能有重大失去，从而促使我们关注自己所拥有的；而厌恶会告诫我们远离不美好的事物，保护好自己。我们要知道，消极的念头也能使我们更重视这些情况，让我们收获经验或教训，从而促使自己采取积极的行动去解决问题。

澄澄6岁了，是一名幼儿园大班的小朋友。最近，他经常愤怒地说："我再也不想跟红豆玩了！"妈妈询问原因，他却支支吾吾。有一次，妈妈不小心碰到了澄澄的耳朵，澄澄大叫了一声。妈妈觉得很奇怪，试着问："你的耳朵怎么了？"澄澄委屈地哭了，说："我的耳朵很疼。"原来是最近红豆在玩耍时经常拽澄澄的耳朵，并且威胁澄澄不能告诉老师或者妈妈，否则会继续欺负他。澄澄很愤怒，却没有打回去，还有一些小朋友嘲笑澄澄，说他一个男生还打不过女生。而澄澄说，自己是因为觉得打人是不对的，不能向她学。

妈妈听完，对澄澄说："澄澄做得很棒！我们不能以暴制暴。"妈妈接着说："但你还是很生气，很委屈，对吗？"澄澄点了点头。妈妈说："其实，当你感到生气的时候，说明你受到了侵犯，如果你不想还手的话，也可以选择别的方式回击。比如大胆地向老师反映情况、被欺负的时候大声反抗、用语言进行沟通等。"澄澄明白了。

其实，当澄澄出现了愤怒等消极的情绪时，就是在提醒他要采取积极的行动来保护自己，避免进一步的伤害。换句话说，如果对方一而再、再而三地欺负澄澄，而澄澄却没有生气，只是一味地忍让，那只会使对方变本加厉，而澄澄则可能会受到更大的伤害。正是澄澄及时出现了"愤怒"等消极的情绪，才避免了更严重的情况出现。这也让父母能关注到孩子状态的不佳，进而引导孩子如何面对校园暴力。这就是我们说的，消极念头的背后都有积极意义。

那么，父母们怎么做才能顺利使孩子的消极念头都能呈现出积极的意义呢？

首先，不要阻止孩子发泄负面情绪。如果你的孩子特别爱哭，每每感到委屈，就会号啕大哭。这个时候，父母不要说："哭什么哭，不许哭！"也不要说："你一个男生，整天哭，像什么样子！"这样反而会加重孩子的委屈，进而使这些负面情绪找不到宣泄的出口。要允许孩子正常发泄情绪，事后父母再耐心地倾听孩子的心声。

其次，要站在孩子的角度考虑问题，在交流中要遵循平等、少说教的原则。当孩子出现悲伤、愤怒等消极情绪时，我们应该试着去理解和体谅，让孩子明白，爸爸妈妈永远支持他，而不是简单地安慰孩子："放心吧！没事的。"或责备孩子："我早就说过了，你就是不听！现在后悔有什么用！"这些表达只会使父母与孩子之间的距离更远。

再次，鼓励孩子独立思考。当孩子出现消极的念头时，尽量不要直接告诉孩子："你应该这样做！"或者说："你不应该那么做！"这样会让孩子失去独立思考的空间。父母应该引导和鼓励孩子分析消极想法产生的原因，进而思考改变现状的方法。这样执行起来会更容易，效果也会更好。

情绪与孩子一起成长，父母要帮助孩子找到自己和情绪相处的方法，找到适合自己的情绪状态、情绪表达和情绪管理策略，完善自我情绪管理的能力。

当孩子出现一些消极念头时，父母不必如临大敌，可以和孩子一起找到这些消极念头背后的原因，引导孩子积极应对或做出正确的改变，才能更好地帮助孩子应对复杂多变的环境，这也就使得消极念头有了更积极的意义。

从放弃到永不言弃

"妈妈，这个拼音太难写了，我不会写。"

"爸爸，这个乐高太复杂了，我不会拼。"

"妈妈，这道题太难了，我不会做。"

"妈妈，这个鞋带太难系了，我不会，你帮我系吧！"

在日常生活中，很多父母都会遇到这种情况，孩子一遇到挫折就想放弃。意志薄弱、轻言放弃似乎已经成为当前孩子普遍存在的一个问题。父母们会觉得疑惑，这么简单的事情，为什么孩子不肯自己多动脑筋，思考解决方法，而是轻易放弃呢？其实，一部分问题可能出在我们父母身上。在孩子的成长过程中，父母给予孩子帮助太多或干预得太多，让孩子失去了自己解决问题的能力。

还有一些孩子做事情，经常是虎头蛇尾。刚开始的时候，可能是信心满满，也能够认真努力地去完成，但是时间一长就不能坚持到底了，做不到有始有终。究其放弃的原因，可能是进行过程中感觉枯燥、烦琐，也或许是遇见了困难或挫折。

形形今年7岁了，她看到好朋友会弹动听的钢琴，很羡慕，于是跟妈妈说，她也想学钢琴。妈妈非常支持，给形形报了钢琴课，并购置了钢琴。可是，刚学了几节课，形形就不想去上课了，并且课下也不再练习钢琴。

妈妈问："你不是说很喜欢钢琴吗？"形形说："我很喜欢钢琴的声音，可是练琴太枯燥，所以我不想弹了。"妈妈语重心长地说："钢琴课本身就是枯燥的，但是当你学有所成，演奏出美妙的音乐后，就会有成就感了。"形形说："我已经认真练琴了，可是我怎么练习也弹不好，所以我就不喜欢钢琴了。"妈妈说："你这么容易放弃，怎么可能弹好呢？"形形听了伤心地哭了起来。

其实，很多父母遇到这种情况，心里也很矛盾。如果就此放弃，我们担心孩子容易养成"三分钟热度"的坏习惯。如果要求孩子坚持，我们又害怕会引起孩子激烈的反抗。那到底该怎么处理呢？

1.评估孩子对做某事的态度

比如，孩子是否真的感兴趣，是否认为这件事非做不可。一旦孩子认为是可做可不做的时候，遇到点儿不顺利，就很容易会放弃。

2. 给孩子多一些理解和支持，从而激发孩子的主动性

比如，孩子想要放弃的时候，父母对孩子遇到的问题要表示理解和认同，这样他就会更容易重拾信心、继续努力，而不是轻言放弃。

3. 多鼓励孩子，增强孩子的自信心

美国儿童心理学家和教育家鲁道夫·德雷克斯在《孩子：挑战》一书中讲道："孩子需要鼓励，就像植物需要水。离开鼓励，孩子的性格就不能健康发展，孩子就没有归属感。"比如，当孩子遇到困难想要放弃的时候，如果父母能多鼓励孩了，说："加油！爸爸妈妈相信你，只要再坚持一下，一定可以的！"另外需要注意，鼓励和表扬不同。鼓励是针对孩子做事的过程，而表扬更多的是针对结果。因此，家长要尽量多鼓励孩子努力的过程，而不是单纯表扬最终的结果或孩子的天赋。

4. 帮助孩子设置中等难度的任务，增加孩子的成功体验

那些容易放弃的孩子身上普遍存在一个共性，就是缺乏自信心。然而，自信心不是凭空而来的，是通过一次次成功的体验累积起来的。那么，怎样才能让孩子更多地体验成功呢？

苏联心理学家维果斯基提出了"最近发展区"的概念，对我们如何给孩子设置任务的难度提供了理论依据。"最近发展区"就是指孩子独立解决问题的实际发展水平，与在成人指导下或在有能力的同伴合作中去解决问题的潜在发展水平之间存在差距。这就需要我们给孩子设置任务的时

候，要把握好难度。难度设置太简单，容易使孩子骄傲；太难，又容易使孩子放弃，所以要结合孩子的"最近发展区"，尽量设置中等难度，让孩子通过努力就可以完成。

爱迪生说："我们最大的弱点在于放弃。成功的必然之路就是不断地重来一次。"如果在孩子遇到困难和挫折的时候，父母能引导孩子明确所做事情的必要性，多理解、支持孩子，恰到好处地进行鼓励并且帮助孩子设置挑战的目标，相信孩子一定能完成从轻言放弃到永不言弃的蜕变！

看淡输赢，享受过程

孩子们在一起做游戏时，经常会发生这样的场面：其中一个孩子因为在游戏中输了特别不高兴，甚至还发脾气，哭闹着说再也不玩了。仔细回想一下，这种场景在你家孩子身上是否也出现过？

这时，父母们也很苦恼，只是玩游戏而已，这么小的孩子，怎么胜负欲就这么强？当孩子挑战失败后，他通过哭闹、逃避、要求重新再来的方式表达情绪时，也就成了人们常说的"输不起"的孩子。比如，玩游戏输了，大发脾气；考试没考好，垂头丧气；比赛没得奖，怨声载道……他们非常在意挑战的结果，一旦失败了，情绪就会受到巨大的影响。

安安已经6岁了，最近，他的爸爸非常焦心。因为前一段时间，爸爸为了培养孩子的专注力和逻辑思维能力，给孩子报了围棋班。刚开始，安安非常感兴趣，每天都会认真听课、努力练棋，技艺水平提升也特别快。可时间久了，安安开始骄傲，不满足于和同龄小朋友对弈，而是向爸爸发起挑战。

和爸爸下棋的时候，就会出现一些问题。如果安安赢了，他就会开心得手舞足蹈；如果输了，安安就会大发脾气，还会缠着爸爸再下一盘，直到赢了为止。时间久了，爸爸也招架不住。妈妈对爸爸说："你就让着他，有什么大不了。"可是爸爸觉得，如果一直让着孩子，就会让孩子盲目自信，不知道自己的真实水平；可是，不让着他，孩子就一直缠着爸爸下棋，输了还会哭，甚至摔棋子，爸爸感到无可奈何。

胜负欲太强的孩子往往抗挫能力都比较差、情绪不稳定、起伏大。那么，在面对胜负的问题上，父母该如何进行正确引导呢？究竟怎么做，才能帮助孩子更健康积极地面对失败，培养"输得起"的孩子？

1.避免溺爱，帮助孩子端正期待值

现如今，每个孩子都是全家的掌中宝，全家人事事围着他转。久而久之，孩子已经习惯了以自我为中心，无法容忍他人比自己优秀。如果父母们过于频繁地称赞"真棒、太乖了、好聪明啊"，或经常对孩子说："你一定能成功！"孩子就容易渐渐变得自大，他们会对自己有一个非常高的期待值。当现实结果不尽如人意或低于自己的期待值时，孩子就会产生极大的心理落差，他们选择通过一些负面情绪来进行表达。

因此，这里就建议我们的父母，在日常生活中，一定要注意表扬的方式，切忌泛泛地夸一句："宝贝，真棒啊！"要善于用表扬和建议给孩子及时且客观的反馈，表扬时具体指出他哪里做得好，哪里还亟待改进；提出建议时，要先具体指出哪里做错了，要如何改正等。这样的培养，才能更好地端正孩子的期待值。

2. 冷静处理，不要否定孩子的情绪

当孩子失败了大发雷霆时，需要父母冷静处理，不要立刻批评："这么个小比赛输了，有什么大不了的，还发脾气！真没出息！"如此一来，孩子只会更加伤心。因为对孩子而言，失败是一件不光彩的事，说明自己笨、什么都做不好，自卑情绪由此而产生。因此，父母这么沟通反而会使孩子更加沮丧和惧怕失败，以至于在后续成长中，不断地出现自我否定状态。

这时父母不要一味地指责孩子或否定孩子的情绪。我们可以试着说："我理解你的心情，输了你肯定特别难过。"我们第一时间要肯定孩子的情绪，让孩子得到理解和认同，进而让孩子把自己的负面情绪都说出来，那么接下来再进行引导，孩子才能听得进去。当孩子内心的压抑情绪被发泄出来之后，自然也就能渐渐地接受失败的事实。我们一定要先接纳孩子的情绪，才能让孩子勇敢面对事实。

3. 表扬过程，培养孩子的成长型思维

拥有成长型思维模式的人，看待世界的方式会更多维度，拥有积极的人生观，面对挫折有良好的应对能力。培养孩子拥有成长型思维模式，最重要的一点就是不要夸孩子的天赋，比如："你真是太聪明了！"而是要多夸奖孩子努力的过程，父母要引导孩子关注过程，进而帮助孩子形成成长型思维模式，这样他们才能更加坦然地面对失败，还会把失败当作成功的必然路径。

父母对待孩子的失败，首先自己不要只是垂头丧气，要及时给予孩子安抚和鼓励，孩子就产生一种意识：失败也没什么，从失败中获得经验才能更好地成长，这就是成长型思维。

4. 调整心态，教孩子理智看待胜负

有的父母自身就带有完美主义倾向，害怕失败，也不希望看到孩子失败。这里就需要父母先调整好心态，不要把赢视为成功的唯一标准。这样才能让孩子认识到玩游戏也好、比赛也罢，有赢就有输，所以输是再正常不过的事。

有时过程比结果更令人印象深刻，每个人都不可能永远获胜，大家都有不擅长的事情。我们把挑战当成一场游戏，尽情享受游戏的快乐就好，并不是每次都要争第一。

5. 做好引导，教孩子自我调节情绪

在面对失败的结果时，孩子肯定一时不愿意正面接受，这时父母就要做好心理方面的辅导，帮助孩子去调整心态，或平和地看待结果，或总结

经验、下次努力赶超。

常言道："失败是成功之母。"胜负都不过是一种呈现方式，最终教会我们从结果中获得经验和提升。父母们自己要以身作则，正确看待输赢，享受过程，淡化结果。孩子在你的影响下，也会慢慢学习将胜败看作浮云，将挑战视为游戏，最终从容应对遇到的坎坷和挫折，增强自身的意志力，强化自身的力量，拥有超越自我的能量与勇气。

别忘了，我的爱和你在一起

你是否也发现了，如今的孩子心理承受能力普遍有点儿差。无论是在生活中还是学习上，稍微遇到一点点挫折，就容易情绪崩溃。其实，孩子容易产生挫败感，都是心理素质还不够强大的常见表现。

小冉今年 8 岁了，上小学三年级。最近小冉的心情不太好，因为她期末考试考砸了，画画比赛也没有得奖，就连最好的朋友也和自己吵架了。接二连三的不顺令小冉产生了很强的挫败感，觉得自己什么都干不好，也没有人理解自己，感到孤独。父母发现了小冉的异常，和她沟通过几次，但是效果不佳。小冉对他们说："每当看到其他同学，有无微不至爱他们、懂他们的父母亲，他们脸上洋溢的发自内心的幸福，我真是好羡慕！我从没感觉到你们对我的爱，你们只会对我说必须、一定要、不然、就会。你们习惯否定我、责备我。"爸爸妈妈听后先是一惊，然后特别自责的同时，又不知道该如何帮助孩子。

作为父母，我们首先要认识到，孩子产生一些低落或消沉的情绪很正常，不用过于焦虑。即使是成年人，如果某一件事接连几次都做不好，或者遭遇连续失败，都会觉得是自己不适合做这些事。

父母要始终记住，不要把获得成功作为爱孩子的前提和条件，要让孩子感受到无条件的支持和爱。这样在成长的路上，当孩子遇到困难或挫折的时候，他都能乐观积极地面对，而不会一蹶不振。我们要时刻告诉孩子，爸爸妈妈的爱永远伴随着你。

当孩子的挫败感强，父母要如何引导和帮助孩子呢？怎么做，才能让孩子感受到被爱包围着呢？我们不妨从以下几个方面着手。

1. 多给孩子支持与鼓励，让他感受到自己被肯定

一些父母不愿意肯定孩子，有的是担心孩子会骄傲，有的是确实没发现孩子的优点。总是得不到鼓励，孩子会觉得父母冷漠，也会形成谨小慎微甚至自卑的性格。

在父母眼里所谓的肯定，可能就是一句鼓励的话，但对孩子而言，能得到父母的支持特别重要。当孩子受到父母的鼓励和支持时，他能从中感受到父母的爱，这会让孩子对目前所做的事更有信心，也会拿出更大的勇

气去做这件事情。

那么如何鼓励呢？这里面也有技巧。鼓励的内容需要具体，越具体，孩子就越清楚什么是好的行为。比如，孩子在写完字后，你挑出几个写得比较好的字对他说："爸爸喜欢你写的这些字，每个都方方正正、干干净净、没有出格。"

2. 多给孩子关怀，让孩子知道父母的爱是无条件的

当孩子有了"只有自己优秀，才会得到父母的爱"的想法时，父母就要注意了。如果长此以往，一旦遇到困难，他们就更容易放弃，因为担心自己会失败，害怕失败后会让父母失望。于是，他们渴望成功的心愈加强烈，在孩子心里，就会觉得"我越优秀得到父母的爱就越多"。

这里，父母一定要告诉孩子："我们爱你，不是因为你成绩好或比赛得奖，也不是因为你平时表现多优秀，而是因为你是我们的孩子，我们永远都会爱你。我们爱的不是成绩优异的你，我们爱的是那个积极努力的你；我们爱的不是拿了多少奖项的你，而是那个全力以赴、勇于拼搏、挑战自我的你。"这样说会让孩子充满自信与安全感，那他们就不会因为一点儿挫败，而经受不住考验。如果你发现孩子经常出现"我什么都做不好"的想法，父母需要反思，是不是平时对孩子要求过于严苛，才会导致孩子形成了这种自我否定的思维。

3. 多给孩子高质量的陪伴，让他能时刻感受到父母的爱

人的一生都在寻求爱与被爱，对孩子来说更是如此。那么，父母进行高质量陪伴时，需要注意一些地方。

首先，陪伴孩子时要专心。当父母和孩子在一起时，不要三心二意，尤其不要玩手机。哪怕陪孩子的时间短一些，也要尽力在这一刻心无旁骛，让孩子感受到你在专心陪他。多融入孩子的世界，听听他在想什么并及时给予回应。孩子能感受到父母对他的爱和关注，爱不只是口头的表达，孩子需要从日常点滴的陪伴中真切地感知。

美国前总统奥巴马曾说过："我不会做一辈子的总统，但我一辈子都要做一位好父亲。"因为奥巴马无论多忙，都会抽出时间来陪伴自己的孩子，他会亲自给两个孩子读睡前故事。他说自己最骄傲的一件事，从来都不是当选总统，而是在长达21个月的总统选举过程中，从未缺席过任何一次女儿的家长会。

其次，有效的陪伴能让亲子关系更亲密。有的父母在认真地陪伴孩子，也给了孩子全部的关注，可是双方都没有感受到这个过程的快乐。父母觉得疲惫，孩子也感觉有压力，这是因为你的陪伴方式出了错。我们在陪伴孩子的时候，要关注他的兴趣爱好，或围绕孩子成长阶段的特点来进行互动。不管在家里玩玩具、读绘本、讲故事，还是去户外玩耍、运动、探险，只有在轻松愉快的氛围里，孩子才更愿意敞开心扉，这也为父母倾听孩子的心声提供了机会。

4.父母给予孩子最好的爱是共同成长

家长想要孩子成为什么样的人，自己就要先成为什么样的人。陪伴孩子的过程，就是给孩子做好榜样的过程。家长以身作则、言传身教，在陪伴孩子的过程中要不断克服自己的缺点，努力跟上孩子的步伐，这才是教学相长、共同进步。

希望每一位家长，能给孩子多一些耐心，少一些说教；多一些关注，少一些压力；多给孩子一些尊重和爱，减少过激的批评与责备，与孩子共同学习、共同成长。当孩子遇到挫折和打击时，我们可以默默地站在孩子身边，告诉他："别忘了，我的爱和你在一起。"

第七章
因材施教，培养儿童自律能力

　　在成长的路上，父母要做的不只是牵着孩子的手，而是要学会适时放手，让孩子能独立行走。既鼓励孩子去尝试，也允许他们失败，让孩子做出自己的选择，并教会他们要接受选择的后果。忍耐力、自制力、自驱力，都是在孩子一次次独自面对困难、挑战时逐渐养成的。放手，才是父母对孩子最深的爱。

及时牵手，适时放手

近年网上有一个流行的段子，叫"有一种冷叫妈妈觉得你冷"。笑过之后，我们会发现这样的例子在生活中比比皆是。

很多父母习惯于做孩子的"保护伞"，事无巨细地保护孩子，甚至直接帮孩子做好决定安排，生怕孩子受到一点儿"风吹雨打"。久而久之，孩子要么对父母充满厌烦叛逆情绪，要么在无微不至的庇护下变成长不大的巨婴。

同时，父母们在遇到成长问题时，除了无奈，也充满困惑。明明花费大量时间、精力和财力培养一个自信优秀的孩子，却往往收不到理想效果，甚至演化成了吃力不讨好。之所以会出现这样的结果，是因为父母在尽力给孩子创造条件的同时，往往是以牺牲孩子的自主权为代价的。

"父母之爱子，则为之计深远。"父母爱孩子，不单纯是为孩子的未来建立良好的物质条件，更应该培养孩子的自主能力，这才是所谓的"为之计深远"。

我们必须看到：缺乏自主权的孩子，常常会感到茫然和无助，面对挑战时缺乏勇气，遭遇挫折时难以适应；而具备自主性的孩子，总是目光坚定、思维清晰，能在大小事情上建立起完整的自我实现链条：独立规划—自主选择—积极行动—自我负责。

比如热门影视剧《请回答1988》里的主人公善宇，他就是一个典型的具备自主性的孩子：学习从不需要家长监督提醒和催促，自驱力拉满、学习刻苦、张弛有度，把学习和生活都规划得井井有条，最后顺利考上了医科大学并获得了全额奖学金。善宇不仅学业优秀，更难得的是有主见、有勇气，身心健康、阳光快乐，待人接物谦和有礼，和家人朋友关系都十分融洽。

那这个让其他家长羡慕不已的"别人家孩子"，其父母的培养秘诀是什么呢？那就是父母的尊重和放手。

黎巴嫩诗人纪伯伦写过这样一首小诗："你的孩子其实并不是你的孩子，他们是生命之火的儿女，他们通过你来到人世，却不是你的化身，他们整天和你生活在一起，但并不属于你。"孩子不是父母的附属品，他是一个独立的人，他有自己的思想、人格和尊严。我们要尊重孩子，不要紧紧抓住他不放，在成长中我们要适时松开手，把主动权还给孩子。

当然，我们所说的给予孩子自主权并不等于父母完全放任不管。孩子的成长是一个需要不断自我体验、自我负责的过程。在放手的过程中，父母可秉承着"大人放手，孩子动手"的原则，从以下五点入手：

1. 培养孩子的主动意识

父母子女有天然的权属性质，大多数父母在意识上先入为主，认为自己能决定孩子的一切，不经意间对孩子说话做事总是用命令的语气。我们最好以讨论的形式跟孩子对话，让他们意识到自己有主动选择的权利，让孩子觉得事情是为自己做的，而不是为了父母做的。

2. 让孩子自己安排时间

有人说，拉开孩子之间差距的并非智商，而是管理时间的能力。如果时间管理好了，那么孩子的自我管理能力和自律能力也会随之增强。家长可以建议，但不要干涉孩子支配自己时间的自由。只有让孩子学会自己安排时间，孩子的时间管理能力才能得到锻炼和提高。

3. 让孩子自己解决问题

孩子提出问题，家长通常的做法就是告诉孩子答案。这样看起来简单省事，但如果长期这样，孩子就会形成一种惰性，从而缺乏独立思考的能力和责任感，总喜欢别人为他们解决问题。举一个简单的例子，比如孩子问你一个不认识的生字，你不需要直接告诉他，而是教会他去查字典。以后再有生字，他也不会来问你了，因为孩子已逐渐养成了查字典的好习惯。这也在培养孩子的解决问题的能力。

4. 父母要克制焦虑，信任孩子

在孩子为自主选择积极行动时，父母要尽量让孩子独立完成。除非孩子实在解决不了问题、产生放弃的念头，家长可以协助孩子解决。遇到其他常见的难题时，父母一定要耐得住性子、信任孩子，让他们自主解决。

这能让孩子获得更大的成就感，逐步建立自信。

5. 让孩子学会自我担责

父母要把主动权让给孩子，而不是对孩子一味地肯定。对于孩子自主选择带来的不同结果，如果很成功，我们可以与孩子一起将这个成就归因于他们的自主性；如果结果不理想，那我们要做的是让孩子知道，他们的自主选择并没有错，把事情搞砸也不要紧，我们能承担责任，一切都会好起来的。

我们总是说"人的命运掌握在自己手中"。这样的掌握能力，要从孩提时期开始培养，只有当孩子掌握主动权，他们才能为自己规划和选择更好的人生道路。孩子在成长的过程中，即使适当犯错，也是因为自己主动选择的结果，他们会坦然接受，还能在犯错中得到相应的成长，从而更加积极勇敢地探索人生的各种可能性。

在学习和生活中，父母要尽可能给予孩子更多的选择，适度参与家庭决策。加强孩子的掌控感，这样不仅有利于孩子的学习，更有利于孩子的身心健康。

成为孩子的脚手架

球球妈最近很苦恼，因为球球升入二年级后，作业正确率一直不能提高，错误率特别高。而更令她头疼的是，球球觉得作业做不好不是他的问题，而是怪妈妈没帮他。

原来球球一年级时，妈妈每天都全程陪伴他写作业，球球有不会的题目，妈妈都直接把答案告诉他，还仔细检查作业，务必保证100%的正确率，希望用这样的形式来帮助球球建立信心。这样的做法，虽然让球球平时作业看上去非常漂亮，但到了考试成绩就不甚理想。为此，球球妈妈决定颠覆一年级的做法，完全让球球自己完成作业，这下球球的作业水平一落千丈，球球妈妈左右为难，不知到底怎么做才好。

很多家长和球球妈妈一样，不是越俎代庖、想全权代替孩子完成，就是矫枉过正、完全放养，指望孩子全部自己做好。这样两极分化的行为不仅收效甚微，还会让孩子养成不好的习惯。

不要大包大揽。我们在"及时牵手，适时放手"一节说道，要松开手，把主动权还给孩子。每个孩子都有巨大潜能，这样的潜能只有在父母愿意放手让他们充分尝试的时候才能被发现和发挥出来。父母的包揽是一种短视行为，只求眼前成绩单亮眼，却忽视了孩子的长期发展。

不要放手不管。孩子年纪小、自控力差，父母的监管和帮助是他们的有力支撑，完全放手不管，孩子会迷茫和无助，遇到问题不知道该如何解决，长此以往会逐渐失去信心，失去前进发展的方向和勇气。

既不能百分之百，也不能"归零"，那父母应该掌握怎样的尺度去帮助孩子成长呢？

心理学家大卫·伍德提出：家长应该充当孩子的"脚手架"。这个理论的核心是父母可以在孩子解决问题时为其提供框架，但实际问题要让孩子自己想办法动手解决。

想要搭好"脚手架"，首先需要父母正确评估孩子的能力和自控力。大包大揽或放手不管的父母都是在第一步发生偏差，殊不知大包大揽会导致孩子缺乏信心，想给孩子一个密不透风的"保护罩"；放手不管的父母又盲目自信，相当于让孩子野外露营生存，一切都靠自己。这些都不是真正的帮助，"脚手架"搭几层、用什么材料搭建、目标结构是怎样的，这些都要根据孩子自身的情况做具体规划。这一步的评估，家长可以和孩子一起完成，也可以参考老师的部分意见，一般来讲，"脚手架"的显性程度和孩子的自控力成反比。能力越强、自控力越好的孩子，父母的辅助功能就可以越隐形。

父母心中有了谱儿，具体"搭建"时有几种方法可以参考。一种办法是拆解任务，就是提前把孩子要完成的事项化整为零，让孩子不要在一开始面对一大块任务的时候产生畏难情绪。注意拆解的时候要有层次，让孩子由易至难逐步完成，这样既降低了集中完成的难度，也能让孩子更多地累积自信。同时，父母也在任务推进的过程中，根据孩子的发展不断调整帮助的方式，逐渐淡化自己的存在，让孩子学会独立自主。另一种办法是打造假想场景，将孩子需要学习的规则、能力，用假设的场景表现出来，让孩子提前预演和学会应对。

父母的耐心是让"脚手架"稳固的连接器，要学会适当地"袖手旁观"，作为观众，父母把机会给了孩子，就是给了他们主动权，给了他们走向独立的脚踏。正如上面的故事中，后来球球妈妈不再像一年级那样全程陪伴和要求正确率，而是给孩子充分的独立思考和尝试的机会，一段时间下来，球球不再一遇到问题就习惯性地转向妈妈求助，而是说"让我自己先想一想"。

父母的行动支持是"脚手架"的硬件，精神支持是"脚手架"的润滑剂。父母的肯定、鼓励和宽容是让孩子大胆尝试、积极思考和行动的动力。球球现在不再害怕犯错了，因为妈妈不会因为做错了题就不分青红皂白地批评他，而是跟他一起分析原因，还表扬他积极思考、乐于动脑，这让球球对学习的兴趣增加了许多。

父母充当孩子的"脚手架"，让他们从意识上的"蹒跚学步"到稳步行走，建立起积极勇敢主动的独立意识，学会对自己做的事负责。如果实现了这样的目标，作为"脚手架"的父母就可以说是圆满地发挥了作用。

有边界的孩子，有格局

现如今，越来越多的父母觉得自己对孩子的教育已经十分重视了，甚至不惜花费巨大的精力和财力，从胎教开始就追求科学培养，但为什么孩子没有优秀的学习能力，更没有持续性的发展能力呢？

这里分享一个小故事。晨晨小时候在众多小伙伴里很普通，人们对他的印象就是中规中矩、凡事不出头但也不出格。随着孩子们升入小学，晨晨开始越来越多地在大家面前展示出其优秀的一面。原来，父母对晨晨除了必备的能力教育外，更重视对他性格的塑造，尤其是培养自主性和边界感。在生活中，他们给孩子树立了时空和意识两方面的边界感，同时在亲子关系中，注重培养人与人之间的边界感。

晨晨刚上幼儿园时，家里就给他准备了一个独立的房间，并且在房间里用彩色的胶划分出阅读区、学习区、游戏区等功能范围，这一阶段只要求他能做到区分玩具和书籍的摆放位置，不混淆即可。上小学后，父母为晨晨单独添置了书桌，又把游戏区改为休闲区，此外还加上约定，每天有明确的学习和休闲时间，也有清楚的区域划分，学习的时间内不能做与之无关的事，学习的区域内不能出现与之无关的东西，这也使得晨晨清晰懂得在不同区域里可以做与之相关的事情。

父母采取这样的形式，不仅对于培养孩子空间边界感非常有利，还能让孩子具备较强的时间观念，养成做事有条理的好习惯。我们应该重视树立孩子的时空边界感，这样可以让孩子形成规则意识，养成良好的行为习惯。

同时，意识边界感的树立还可以培养孩子自主能力，使其养成自觉又主动的思维方式。每个人都可以为自己做主，同时也要对自己负责。父母要让孩子明白：自己的事情要自己做，自己的正当权利要自己争取，自己的选择要自己负责。

当要完成一件事情时，孩子首先要明确这是自己的事，必须自己完成。然后，在行进过程中，孩子通过不断思考、努力、试错、克服困难，最终独立完成。他对最后的成果会充满自信，获得好成绩时也会特别自豪。

然而，边界感并没有清晰可见的轮廓，而是一种孩子在心理上所感觉到的安全边界，因此父母们一定要仔细找到这种边界，避免做一些跨越边界的事。比如，有的父母习惯了随意翻动孩子的物品，或者没有询问孩子意见时，替孩子做一些决定，这些其实都是"越界的行为"。

在没有发现孩子有行为或思想异常时，建议父母不要轻易去触碰孩子的个人物品，如果父母想要窥探孩子内心的秘密，其实就是在干扰孩子的边界，某种程度上侵犯了孩子的隐私。孩子会觉得自己的空间被窥视，容易没有安全感。

当面对一些抉择时，父母也尽可能地做到和孩子凡事有商有量，不要武断地对孩子的决定和选择横加干涉。在这个过程中，让他们拥有更多的选择权，孩子能够独立选择、独自解决问题，这不仅维护了孩子的边界感，也在不断打开孩子的格局。

再说人际交往方面的边界感，父母要告诉孩子做人要诚实善良但要有原则。既要热情开朗，也要能不受其他人的情绪影响，学会说"不"。因此，与人相处中，始终保持不卑不亢的态度与平和的情绪。掌握人际边界感，是孩子待人接物的必备技能。

在亲子关系中，边界感能让孩子感受爱与尊重，形成自信、勇敢、百折不挠又谦和的性格。这是关于意志品质的培养，也是人际关系和情绪处理的学习。

父母们明确了边界感的培养方向后，在孩子多年的成长过程中，还要一直坚持以下几点原则，让孩子的性格品质都能获得良好塑造。

以身作则，潜移默化。言传不如身教，父母在给孩子设定边界时，会自己给孩子做示范。比如在孩子小的时候，父母可以由易及难，从实体边界过渡到精神边界，全方位做好孩子的榜样。在耳濡目染之下，孩子会自然而然形成意识。

全心关注，细致观察。父母对孩子的陪伴是"润物细无声"，我们要给予孩子默默的关注，用最细心的观察来发现孩子的需要。及时调整能给孩子的辅助方式，让孩子充满安全感的同时，又能保持自尊不被侵犯。

耐心克制，恪守辅助。建立边界感困难的地方在于父母会无意识地插手孩子的事务。看孩子遇到困难或者犯错，很多父母就忍不住想出手代劳。此时出手，就是越界。建议父母和孩子互相约定，只要孩子不犯原则性错误即可，除非孩子在困难面前主动求助，父母才适当辅助，其他情况都恪守边界。同时，我们要记住，辅助原则是绝对不可粗暴，不能不分场合让孩子难堪，而且，父母不光自己这样做，最好和双方家里长辈也讲明要一致行动，把边界的范围衍生出去。

梁启超曾经说过：家长的眼界决定孩子的边界。父母越早地帮助孩子树立边界意识，就能越早为孩子找到通往人生自由的正确途径，也能让孩子的人生格局更为广博。

建立信任，优化人生

很多父母的苦恼在于，想让孩子对自己打开心门、说出内心的真实想法，可是不知道什么原因，孩子还是和父母渐行渐远。你可能尝试了很多方法，都收效甚微，很难走进孩子的心里。其实，你可能忽略了一件重要的事情，那就是亲子关系中建立信任这一环，建立和孩子间的信任是整体教育研究的重要课题。

著名教育家陶行知先生告诉我们，相信儿童，解放儿童。作为父母，我们必须要信任孩子，相信善良美好是孩子的天性。当孩子感受到父母的信任后，他们才会在遇到成长的困惑时，选择向父母敞开心扉。

有一天，班主任到笑笑家进行家访，与笑笑妈妈交流了很多笑笑在学校的情况。通过老师的讲述，笑笑妈妈才知道笑笑的好朋友是小鱼和萱萱，她们学习上互相帮助，平时也一起玩耍、分享小秘密。笑笑妈妈心里有些失落，因为以前笑笑最好的朋友是妈妈，所有关于她的事情都愿意告诉妈妈，不知不觉间，现在孩子回家总是关上自己房间的门一个人待着，不再跟爸爸妈妈聊个没完。

老师走后，笑笑妈妈问笑笑："为什么现在不管是获得了表扬，还是发生了不开心的事，都只跟同学朋友交流，再也不主动告诉父母了？"笑笑说："跟你们说这些，感觉心里有很大压力。如果受到表扬，你们要我继续努力；不小心做了错事，你又不断指责批评，所以我就不想回家说了。有几次吃饭的时候，想和你们分享学校发生的事，妈妈就会说赶紧吃完饭去学习。"听到这儿，爸爸妈妈才知道这是他们失去了孩子的信任。

此时，笑笑父母意识到，他们与孩子间已经缺乏足够的信任感了。他们仔细回想，这也导致了孩子的性格变得越发谨小慎微。爸爸妈妈觉得要想办法重新建立和笑笑之间的信任，争取更清楚地掌握其成长的状态，让笑笑从中得到更多的能量，从而更好地成长。

听了笑笑的故事，很多父母对此深有同感，这就是父母和子女之间信赖关系的崩塌。在这里，我们也不难发现一些问题的端倪。首先，父母们对孩子有过多的保护欲，见不得孩子有任何挫折，这本质上是对孩子能力的不信任；其次，我们对孩子有过高的期望值，总是想要孩子在各种领域获得赞誉，一旦孩子没有实现，就下意识地流露出失望，于是孩子不愿说出来以免受到训斥；最后，随着孩子的年龄增长，父母们更关注孩子的学业，有时孩子在饭桌上想轻松聊会儿天，父母却不断催促快点儿吃完去学习，他们觉得必须有"正经事"才值得认真沟通，其实日常的交流对建立双方信任感极其重要。

父母与孩子间缺乏足够的信任感会引发很多问题。比如会让孩子谨小慎微、缺乏安全感等。然而，即使父母了解孩子遇到的问题，也不懂找到准确时间和途径去帮孩子解决。久而久之，孩子和父母之间出现了一堵无形的墙，亲子关系就不再和以前一样亲密无间。

那么，当父母开始有了上述的意识后，是重建亲子信赖关系的第一步，接下来在此基础上，我们还要做到"四要、四不要"。

"四要"具体是指：

1.父母彼此要互相信任尊重

信任不只是在某两个人之间存在，家庭也需要以信任为连接纽带。父母感情融洽、互相信任，给孩子的影响比口头教育好得多。如果为了孩子教育的理念分歧，爸爸妈妈经常争吵，这样的情况让孩子也会觉得自己好像是引发矛盾的原因。父母要共同探讨科学培育孩子的方法，减少当面争执，给孩子营造一个信任的家庭环境和氛围。

2. 父母对孩子要给予足够的尊重和信任

一方面，要给孩子建立一定的独立空间，包括家庭空间和心理空间，不能不经同意翻动孩子的东西，也不能随意刺探孩子的隐私，要给孩子足够的信任与成长空间，这是向孩子展现父母的分寸感，让孩子觉得自己获得了尊重和平等对待；另一方面，要恰当地对孩子的行为想法进行肯定。

3. 父母要学会换位思考

如果父母能站在孩子的角度考虑问题，能更好地理解孩子的真实想法和心理状态，为孩子提供的帮助和干预更切实际，孩子也更乐于接受。

4. 父母要有容错机制

给孩子犯错的机会，不要因为偶尔的失误全盘否定孩子的努力。不然孩子失去的不仅是对自己的信心，也失去了对父母的信任。

"四不要"具体是指：

1. 不要随便许诺，更不能言而无信

比如答应了孩子的事情，父母一定要按照约定的时间和方式去履行承诺。如果到了允诺的时间，父母就找各种借口拖延或者取消，次数多了，孩子就慢慢不再把爸妈的诺言当一回事儿了，因为不相信父母会真的做到。

2. 不要超前要求，不要过高期望

父母针对孩子的期望要联系实际，不过多地、过高地提出要求，那样才可以愈加有可能获得你要的效果。同时，针对孩子的行为，父母有一定的容错能力，这些包容更有益于提高孩子与父母间的信赖感。

3. 不要随意贬低和质疑孩子

父母总觉得孩子年龄小，可以随意对待，可能会不分场合贬低斥责孩子，想用批评的方式纠正孩子的错误；也会不相信孩子说的话，觉得孩子总是爱说谎。大多数孩子都可能会偶尔撒谎或耍赖，如果就此演变成对孩子的全面质疑，会让孩子信心全无，更没有改正和进步的动力。

4. 不要事事代劳，剥夺孩子尝试的机会

孩子经验不足、做事慢，性格急躁的父母常常代劳孩子正在进行的事情，即使孩子说"我可以的"，父母也充耳不闻，这让孩子觉得父母就是不相信自己的能力，这对他们会是很大的打击。尝试也是学习，父母相信孩子，孩子也知道父母并不是放任自己，而是用另一种方式支持自己。既自信，又互相信任，这样的良好关系是一种理想的亲子情感状态。只有得到父母无条件信任的孩子，才会真的信任父母，相信父母会帮助他们解决人生困境，愿意和父母一起优化未来的人生。

人们常说，教育孩子是双向的事情，也就是说父母选择信任孩子，孩子也就愿意和父母建立信任关系。作为父母，只有学会仔细地观察孩子所处的成长状态，才能更好地建立这段信任关系。

孩子与父母间的信任是可以享用一生的财富，在快乐的时候互相分享，在困难的时候彼此分担。家永远都是孩子随时栖息的温暖港湾，让孩子补充能量，然后再一起积极投入下一阶段的人生旅程。

给孩子延迟满足，你用对了吗

有的孩子一分钟也坐不住，总是东张西望地找人说话；有的孩子容易注意力不集中，四周有一点儿动静，他就会被吸引过去；有的孩子特别急躁，与人一言不合就能打起来……如果问他们原因，他们都会回答"忍不住"。正如他们的答案一样，这些孩子往往缺乏的就是忍耐力。

梅梅已经是一年级的小学生了，但她的状态却让父母很焦虑。上课时梅梅爱做小动作，回家写作业时偷看电视。梅梅脾气急躁，一点儿耐心都没有，妈妈让她写完作业再玩儿，她就要生气。父母怕孩子脾气大在学校容易和别人起冲突，而老师却说梅梅在学校是个性格羞怯的孩子，面对问题和困难，要么不知所措，要么习惯性退缩。

经过反思，梅梅的父母一致认为这可能是梅梅小时候对她百依百顺的结果。梅梅的父母一直以来都是孩子要什么给什么，舍不得她哭，什么要求都第一时间满足她。这也使得梅梅干什么事情都显得迫不及待、毫无耐心，而一旦她的需求没有立即被满足，她就特别爱发脾气。

如果孩子想要什么，父母立即全部满足，那么孩子永远没有等待与忍耐的体验。如果父母没有及时对孩子说"不"，也就养成了孩子想要什么就得马上得到，一分钟也等不及的坏习惯。

其实，我们这里提到的"等待、忍耐"就是一种延迟满足感。很多孩子往往从婴幼儿时期开始，各种要求都能得到即时满足，他们就形成了这种心理状态。然而，随着孩子慢慢步入家庭以外的世界，自己的需求不能被外人随时满足时，就容易引发一些问题。久而久之，孩子的自控力和专注力都会受到影响，甚至遇到复杂问题习惯性逃避、性格既急躁又羞怯等。

于是，父母们想帮助孩子改变这个习惯，但又不知道该做些什么。其实，我们只要用对了方法，就能更好地培养孩子的耐性。

1. 延迟满足，让孩子学会等待

所谓延迟满足，就是当孩子提出正常的需求时，父母如果觉得可以满足，但不要立即就答应孩子，要让他们学会等待。即使孩子还是很心急，甚至哭闹，父母也要坚定自己的立场。

我们要让孩子明白什么是"等"的含义。比如："等妈妈把饭吃完，再玩玩具""妈妈正在冲奶粉，你等下就可以喝""等爸爸刷完车，咱们再出去打球"等。当孩子提出需求后，父母可以迟一些满足他，逐渐拉长"想要"和"得到"之间的时间，这样孩子就能慢慢地学会等待。

对于孩子的正常需求，我们可以告诉孩子，他可以得到，但需要等一会儿。给孩子时间，让他明白"等待"是一种什么感受。在这段时间里，我们可以给孩子唱个简短的童谣或者从 1 数到 10，这样孩子就能体会"等待"只是一小段时间而已。

2. 长远目标，让孩子看到明确的结果

我们要记住，延迟满足绝不是单纯地压制孩子的欲望，而是要给孩子展现和比较眼前以及长远两种不同的目标。比如，孩子总喜欢边写作业边玩儿，如果爸爸妈妈只说"现在不许玩儿"，孩子可能不会听。即使听从了，也是不情不愿。因为相比当时游戏的快乐，爸爸妈妈并没有提供替代品。为此，父母可以用"认真完成作业后，我们可以去绘本馆看你喜欢的书"或"暑假作业写完，我们可以去短途旅行"等。这样的延迟满足，既是长远的目标，也是具象化的结果，让孩子更期待。

3. 增加时长，给孩子设置小目标

根据孩子成长阶段的发育水平、年龄等特点，父母可以给孩子制定不同的小目标，设定一些他们力所能及的任务。同时，把这些任务的时间不断延长，从 10 分钟延长到 20 分钟、30 分钟，直到上小学前，孩子如果能在桌前坐上 30 分钟做完一件事，那么他以后写作业就很容易坐得住，也会适应得比较快。

4. 益智活动，培养孩子专注力

我们可以为孩子选择一些需要静下心来进行的活动。比如画画、拼图、贴纸、搭积木等，因为孩子做这些事情的时候，需要专心致志地完成。如果在活动进行过程中出现一些困难，父母再进行鼓励引导，这个过程有利于培养孩子的专注力和耐性。

然而，父母对孩子的延迟满足一定要适度使用。我们是想让孩子能更好地品尝目标果实，而不是让他们"只经历风雨而不见彩虹"。那么，父母如何掌握好延迟满足的度呢？

适时调整，选择合适的时间长度。延迟满足并不是让孩子无尽地等待，父母要根据孩子的能力和自控力现状，选择合适的时间长度，然后随着发展程度不断调整。时间太短，可能无法锻炼忍耐力；时间太长，又容易让孩子提前放弃。因此，父母的仔细观察和审慎决定很重要。

言而有信，走出延迟满足的误区。在现实生活中，有的父母常常会利用延迟满足，而失信于孩子。孩子提出要求时，父母总是说："等一会儿，再等一会儿。"或随口许诺："你现在好好学习，以后爸爸（妈妈）给你买，想吃什么都行！玩具你随便挑！"过后又不履行。这样时间久了，孩子会对父母产生不信任。我们一定不要陷入这个误区：延迟满足不是父母为了当下不被打扰去拖延孩子，而是用行之有效的机制来帮助孩子实现更高、更远的目标。

延迟满足感是孩子自控力的核心部分，它是一种技能，让孩子能调节情绪、对抗挫折，更好地融入社会。它也是一项标志，意味着孩子的心智和行为脱离对父母的依赖，实现了独立自主、走向成熟人生。延迟满足能力强的孩子，面对压力、困难和挫折，他们具有更坚韧的意志与平和的心态。在长远的人生道路上，他们往往能实现更高的人生目标和价值。

延迟满足可以让孩子们懂得"刻苦有时，享受有时"才是合理的人生，在不同的人生阶段，都能抵制短浅诱惑、心怀梦想、路致远方。

第八章
交际与情绪，当你与他人同流共振的时候

　　有的孩子遇到不顺心的事，情绪一点就炸，大家避而远之；有的孩子平静和善，待人接物谦逊有礼，是社交达人。孩子之间的这些差异，其实都在于情绪管理上。情绪是陪伴孩子一生的，而且也会影响到孩子的气场，甚至是孩子和周围人的关系。只有父母教会孩子了解情绪、接受情绪，并适度地调节情绪，才能更好地建立与他人和谐相处的关系。

儿童情绪管理与调节

一天，童童的妈妈带他到餐厅吃奶油蛋糕，童童看着餐厅的菜单图片选好了自己喜欢的蛋糕。蛋糕很快就上来了，香喷喷的小蛋糕很诱人，蛋糕中间还有一只可爱的翻糖兔子。童童看着蛋糕美滋滋的，可是一不小心，他的叉子把翻糖兔子碰倒了，于是，他立刻变脸，开始扔叉子，哭闹……

相信这是很多父母都熟悉的场景，孩子有时会因为一点小事就爆发情绪，让家长措手不及。在陪伴孩子的成长之路上，我们会经历孩子各种各样的情绪，例如害羞、胆怯、愤怒、忧伤……让孩子学会情绪管理是每位家长的必修课。

在孩子还小的时候，由于无法用语言与父母沟通，他们只能用哭闹来表达自己的需求，而父母也多半是通过满足孩子的需求来安抚孩子的情绪。随着孩子长大后，他们的情绪日益丰富，负面情绪也逐渐增多。面对孩子的负面情绪，如果父母一味地迁就，甚至满足孩子的全部要求，就容易养成孩子骄纵性格，而父母也不能完全用强制力压制孩子的情绪，让他们的情绪没有出口，那要怎么办呢？

父母应该努力帮助孩子控制情绪，并让他们学会管理情绪。拿破仑曾经说过："能控制好自己情绪的人，比能拿下一座城池的将军更伟大。"教孩子学会做情绪的主人，将是孩子受用一生的财富。那么，父母要如何更好地教会孩子控制情绪呢？

1. 帮助孩子认识情绪，抒发情绪

当孩子有情绪时，不要一味地去哄他或者压抑他的情绪，而是要让孩子感受到情绪的存在，并鼓励他去表达情绪。比如上述故事中，当孩子出现哭闹时，妈妈可以耐心地询问他："怎么了，宝贝？"然后给孩子一点儿时间，让他表达出自己的悲伤情绪。中国有句古话叫作"男儿有泪不轻弹"，很多男孩子的父母喜欢用这句话教育自己的孩子，在孩子哭泣时制止，久而久之，让孩子失去了情绪表达的能力，这是非常不利于孩子健康成长的。

2. 换位思考，耐心聆听孩子的情绪

孩子的世界很简单，作为父母，要学会换位思考，耐心聆听孩子的感受。大多数时候，我们不妨降低家长的高度，想想孩子的处境，多给孩子一些引导与安慰。我们每个人都渴望被理解，每个大人曾经都是孩子，作为父母，不妨多包容孩子的单纯想法，只有做好孩子的倾听者，才能做好孩子情绪的疏导者。

3. 教会孩子恰当地表达情绪

每个人都会有各种各样的负面情绪，我们要告诉孩子，坏的情绪并不可怕，可怕的是不能恰当地表达自己的情绪。当孩子小的时候，情绪的表达可能就是哭闹、打滚、扔东西，如果不正确疏导，可能严重到打砸东西，甚至伤害他人。因此，父母要教会孩子，哭闹和泄愤都不是情绪的正确打开方式。我们要耐心地教导孩子正确表达与抒发情绪的方法，当负面情绪来临时，可以和信任的朋友、长者聊天，或者用自己的兴趣爱好去转移注意力。

4. 用好奖励这一妙招

在激励中成长的孩子更容易成功。上述故事中，当妈妈看到童童哭闹后，进行了耐心的疏导，童童也表达了自己伤心的理由，并最终把剩下的蛋糕吃完了。妈妈告诉童童，因为他今天能很快地停止哭闹，并意识到哭闹是不好的，于是决定下周末还带他来吃兔子蛋糕，并叮嘱他下一次要小心。最后，童童高兴地和妈妈回家了。父母要从日常点滴开始明确地告诉孩子什么样的情绪表达是正确的、什么样的方式是错误的，除了在孩子错误发泄情绪时予以引导，还要恰当地用好奖励的方式，让孩子获得成就感、加深记忆，无论是言语鼓励还是小小的物质奖励，都会让孩子更加难忘。

5. 父母也要管理好自己的情绪

俗话讲，父母是孩子最好的老师，学习与模仿父母是孩子的天性。因此，父母想要帮助孩子做好情绪管理，首先应该自己在孩子面前保持平和的心态。很难相信，一个习惯踹门发泄情绪的父亲会有一个温柔的儿子。如果父母在情绪上经常失控，却去要求孩子管理好情绪，会容易遭到孩子的抗拒，认为父母这是双重标准。面对负面情绪，首先父母要修身养性、理智对待，这样即使没有向孩子说教，也会慢慢对孩子产生积极影响。

我们每个人在生活中都会有各种各样的情绪，为孩子上好情绪管理这一课，让孩子理智、快乐、阳光地成长，就是父母给孩子最好的礼物，也是在实现整体教育的目标。

忌妒心作祟，家长要引起重视

前几年，有一则新闻让人万分痛心，一个小学生在楼道里将同班同学杀害，当问及孩子的作案动机时，他答道："把他杀了，我就是全班第一了。"这很明显就是忌妒心让孩子迷失了方向。

我们不得不承认，面对比自己优秀的人，心理上除了羡慕，总会有一些小小的忌妒，这都是不可避免的。当好胜心过强时，看到别人超过自己就不服气，心里便不平衡、不舒服，这是一种不健康的心理状态。正如有的孩子在与优秀的人比较时，心理上出现偏差，把对方看成了对立面。

月月从小学习舞蹈、多才多艺，还是学校舞蹈队的队长，曾多次参加学校和市里的各种演出比赛，父母一直以她为傲。这一天，老师让月月的妈妈到学校一趟，月月妈妈以为是接她演出，到了才知道，这次月月犯了错误。原来，上个月，学校新转来了一个女孩，自幼学习舞蹈，不仅基本功特别扎实，而且形象气质俱佳，这次市里的比赛学校指派她作为领舞，可演出前，这个女孩的舞鞋却怎么也找不到了，老师急忙去别的舞蹈队借了一双，才没有影响大家的演出。演出后，老师经调查发现，原来是因为月月没有当上领舞，心理不平衡，偷偷扔掉了这个女孩的舞鞋。月月妈妈怎么也没想到，平时活泼开朗、乐于助人的女儿会做出这种事情。

看到这里，有家长或许不理解，一向很乖的月月怎么变成这样了？其实只是忌妒心在作怪。

德国著名诗人海涅曾经说过："失宠和忌妒曾经使天使堕落。"忌妒是人性的弱点，它对于人的伤害极大。随着孩子年龄的不断增长，孩子所表达出来的情绪越来越多样化，或多或少会产生忌妒情绪，这时如果不能被正确疏导和纠正，将会极大阻碍孩子的进步与成长。作为父母，要及时化解孩子心中的忌妒心理，培养孩子阳光、乐观、开朗的品质。

1. 要留意孩子的情绪，帮助孩子正确认识忌妒心理

孩子在产生忌妒心理时，往往会出现情绪上的变化，父母要留意孩子是否出现了闷闷不乐、暴躁、失落等情绪，有些孩子还会体现在语言上，比如经常提到某一个同学，并说他的坏话等。面对这种情况，家长不能简单将其认为是小孩子间的小矛盾，或者听信一面之词放任孩子的情绪发泄，而应该与孩子进行沟通、了解实际情况，当发现孩子存在忌妒心理

时，及时对孩子进行疏导，停止忌妒心理对孩子的"折磨"。

2. 要教孩子正确地认识自己和他人

忌妒心理的产生往往是由于过分关注他人的优点，将他人的优点与自己过度比较产生的。每个人都有自己擅长或不擅长的领域，作为父母，一方面，要教会孩子正确地认识自己的长处与不足，引导孩子坦然接受自己，不要盲目攀比，给孩子讲"不必与猴子比爬树，和猎豹比奔跑"的道理。父母可以多方面培养孩子的兴趣爱好，发现孩子擅长的领域，并及时鼓励，帮助孩子树立自信心。另一方面，也要培养孩子乐于为他人鼓掌喝彩的习惯，引导孩子抱着欣赏与学习的态度去对待别人的闪光点。

3. 要培养孩子的格局观

作为父母，一定要不断扩大孩子的格局，告诉孩子"人外有人，天外有天"这个道理。这个世界人才济济，一个人终其一生不过是在和自己比较，教会孩子抬头看世界，而不应该被身边的一两个人影响了前行的方向。可以多带孩子去旅行，多让他结识更多优秀的人，帮助孩子树立更加宏观的人生目标，拓宽孩子的眼界与胸襟，帮助孩子把目光锁定在自己的人生轨迹上，而不必过多地关注他人。

4. 父母要减少攀比，减少负面激励

有些父母为了培养孩子的信心，往往会对孩子说："宝贝，你是最棒的，他们都不如你。"有时候有些父母喜欢一味地、夸张地表扬孩子，即使孩子做错了事，也把责任推在别人身上。时间一久，孩子就不愿意承认和学习别人的优点，变得不接纳或忌妒别人。还有一些父母，面对孩子的失败，只一味地打击，并把"看看别人家孩子"挂在嘴边，久而久之，孩子将变得自卑，继而因忌妒产生一系列不必要的问题。其实，父母的话对孩子来说是很有分量的，过分地褒奖或贬低都不利于孩子的成长。父母要意识到，每个孩子都是独一无二的个体，减少孩子与他人的比较，多采取正面激励的方式，肯定孩子的优点，及时指出孩子的不足，并鼓励他们向强者学习，这才更有利于孩子的健康成长。

5. 要帮助孩子树立正确的竞争观

产生嫉妒心的孩子，往往都有比较强的好胜心。对待孩子的忌妒心理，家长要及时引导，不要简单将嫉妒心归纳为不堪的品质。要知道，保持适当的好胜心是一个人成功必不可少的品质。父母要帮助孩子树立正确的竞争观，并要控制尺度，不让好胜心转化为忌妒心。

培养孩子社交能力

一见到陌生人就害羞，从不敢在公众面前展示自己，不敢参加集体活动，人多的时候一说话就脸红……生活中，很多孩子都会出现类似的问题。那么，如何培养社交能力、让孩子勇敢地走出去、成为社交小达人，是父母们格外关心的话题。

有人说，未来的竞争就是人格层面的竞争，通俗来讲，人格其实就是智商与情商的总和，而情商其实就是与人打交道的能力。法国启蒙思想家伏尔泰曾经说过："自从世界上出现人类以来，相互交往就一直存在。"在现实生活中，每个人都有自己的性格，并不是每个孩子都爱说话，见到人就很热情，而每个孩子都必须面对集体生活，社交技能是孩子们必备的技能，父母们也要通过各种方法和技巧，培养孩子与人沟通和交往的技能。

1.要教孩子基本的社交礼节

与人说话要有礼貌、称呼长辈要用敬语、对待他人要友善……这些基本的社交礼节需要父母在潜移默化中传授给孩子，当孩子在社交中犯错时，父母要及时纠正，家长在待人接物时也要以身作则，让孩子在耳濡目染中学会社交礼节。

2.适当放手，鼓励孩子走出家门

明明的妈妈是一个"懒妈妈"，在明明小的时候，妈妈就会让明明自己去买日常用品，一起出去吃饭时，有什么需求，她也会让明明去与服务员沟通，出去玩儿，她会做"甩手掌柜"，让明明去买门票、挑纪念品。现在明明上小学了，待人接物落落大方，在公共场合说话从不怯场，每当有人向明明妈妈请教经验的时候，她总是笑着说因为自己太懒了，明明已经练出来了。

在生活中，有些父母对孩子过分关注，时刻注意孩子的一举一动，在游玩的时候，没等孩子去排队，家长已经给孩子排好队。长此以往，孩子就失去了交流的能力与欲望，非常不利于孩子社交能力的养成。父母要学会适当地放手，在不同的场合让孩子自己去交流和沟通。

3.培养孩子的爱好，鼓励孩子多参加集体活动

集体生活可以极大提高孩子的社交能力。在一个集体中，个体往往有不同的分工，多培养孩子的爱好和特长有利于帮助孩子尽快地融入集体生活。

晨晨是一个性格比较内向的孩子，父母发现了他的这个特点，并没有急于让孩子与他人交流，而是发现了他的绘画天赋，并加以培养。后来，在班级的黑板报比赛中，晨晨积极发挥出自己的优势，为班级赢得了荣誉。通过这个活动，父母发现晨晨性格变得更加开朗，朋友也多了起来。

集体生活有着个人生活体会不到的乐趣。父母应该多让孩子去参加集体活动，比如足球比赛、合唱活动、训练营等。同时，也可以多组织同学聚会、家庭集体出游这样的活动，让孩子充分感受到集体活动的乐趣，从而愿意主动与人交往，增强团队合作精神。

4.要及时鼓励孩子的进步

在培养之余，父母要关注到孩子社交能力的进步，对孩子的进步及时进行鼓励。孩子从不爱说话到主动与人打招呼、课堂上积极举手回答问题、邀请朋友到家里做客、主动帮助他人……所有这一切，家长都应该及

时予以支持和鼓励，在这样的气氛中，孩子会轻松拥有好人缘，同时也锻炼了孩子的组织协调能力。

5. 父母要尊重孩子的个性，对孩子社交能力的培养不要急于求成

世界上没有两片相同的树叶，同样，也没有完全一样的人。每个孩子都有自己的个性，作为父母，要尊重孩子的个体差异。有些孩子天生善于呼朋引伴，他们乐于在别人面前表现自己，也乐于与人主动沟通，这样的孩子往往比较受长辈的关注和喜欢；也有些孩子天生就喜欢独处，他们往往比较含蓄，其实内敛的性格有利于他们承担高精细化的工作。

因此，作为父母，不要盲目地去追求某一种个性，不要拿孩子与别人比较，更不要试图去改变孩子的个性。给孩子一点儿时间，有时候，内向的孩子不一定朋友少，教会孩子真诚地对待他人，那无论孩子是什么样的性格，都会收获很多朋友，享受到社交带来的欢乐。

每个人要想在社会中生存，都必须掌握与他人沟通交流的学问。作为父母，要积极帮助和培养孩子的社交能力，教会孩子在与人交往中学会尊重、提升自我，提高语言能力、情绪管理、领导力、共情力、责任感、应急力等，这会让孩子在未来的成长路上走得更加顺畅。

懂得分享，才能得到更多

从不和别的小朋友分享玩具，看见别人拿他的玩具就哭闹；遇到喜欢的饭菜，就把整盘菜端到自己面前，不让别人吃一口；父母刚买好零食，孩子就自己藏起来，家里来了小朋友也不愿意拿出来分享……

这些生活中的场景，作为父母的你是不是感觉很熟悉？一直以来，如何教孩子学会分享成了很多父母头疼的大问题。

现如今，大多数孩子一出生就受到家里几代人的关注，很容易以自我为中心、缺乏分享的意识，而人类作为群居动物，与其他人沟通、合作、分享是必不可少的，通过分享，可以维持与他人的友谊，与他人和谐相处。父母们都希望自己的孩子能更好地与他人交往、融入集体，但是也不禁要问，到底要怎么样做，才能培养孩子付出与分享的意识呢？

1.父母要以身作则，用自己的行动引导孩子学会分享

想要让孩子学会分享，父母自己首先要做一个乐于分享的人。

明明家里收到了亲戚送来的两箱苹果，妈妈叫来明明，问道："明明，

家里只有爸爸妈妈还有你三个人，我们三个吃不完这么多苹果，苹果放久了会坏掉，我们应该怎么处理这些苹果呢？"在明明思考的时候，妈妈建议道："不如我们送去给邻居一些吧。"于是，妈妈把苹果分装在几个袋子里，带着明明去送给几个平日里熟悉的邻居，面对邻居的感谢，明明很开心，也体会到了分享的意义。

父母的行为示范就像种树养花，不断重复去做，总有一天花会盛开。我们要时常反思自己，如果自己平日里表现出了斤斤计较，就不能责怪孩子自私，育儿先育己。

2. 要让孩子感受到分享的收益

正所谓：赠人玫瑰，手有余香。分享并不等同于付出与牺牲，很多时候，分享会得到更多，父母要引导孩子明白这个道理，从而激励孩子乐于分享、主动分享。

琪琪过生日，爸爸妈妈给他买了一个大蛋糕。他特别高兴，因为父母平时不让他吃甜食，他早早就计划好晚上大吃一顿。到了晚饭的时候，琪琪惊奇地发现，家里来了很多亲戚朋友，都是爸爸邀请来的，他非常沮丧，因为这些人都是来"抢"他的蛋糕的。他闷闷不乐地看着爸爸熄灯、点亮蜡烛，看着爸爸把蛋糕切好分给了叔叔阿姨。正在他苦闷之际，却看见叔叔阿姨纷纷拿出为他准备好的礼物，有乐高、玩具车、故事书、糖果……都是他心仪已久的好东西，他瞬间变得很高兴，也很感动。晚上，爸爸问琪琪："今天高兴吗？"琪琪说他很高兴。"琪琪，你知道叔叔阿姨们为什么会送你礼物吗？"爸爸问道。"是因为我与他们分享了蛋糕。"琪琪回答。"对，当你与别人分享好东西后，别人也会把他们的好东西与你分享，而且就算是叔叔阿姨今天没有给你礼物，你与他们分享了蛋糕，他们也会愿意与你做朋友，以后有好吃的、好玩的他们也会想着你。"听了爸爸的话，琪琪开心地点了点头。

作为父母，要及时引导和鼓励孩子，让他们感受到分享的收益，让孩子明白，当他们乐于与他人分享的时候，他们的快乐就会变成双倍。久而久之，孩子也会养成乐于分享的习惯。

3. 要多给予孩子关心和肯定

一个缺乏爱的孩子，往往会变得自私、孤僻。想象一下，当父母给予孩子的爱很少的时候，孩子又怎么可能学会爱人，学会与别人分享呢！当一个孩子只有一块糖的时候，怎么可以苛责孩子不与别人分享糖果，反之，当孩子有十块糖的时候，只要恰当引导，孩子更容易养成分享的习惯。父母在要求孩子懂得付出与分享的同时，也要多关心孩子，给予孩子精神上更多的富足感，培养孩子大度、体贴、自信、豪爽的性格。

4. 要尊重孩子的意愿，不要急于求成

人非圣贤，成年人也会有自己的缺点，何况孩子！在培养孩子习惯的时候，父母切忌急于求成。现实中，有些父母不征求孩子的意见，就把孩子的玩具直接送给其他人，面对孩子哭闹时，还责备孩子自私小气、不懂分享。换位思考，当爸爸买了新款手机，妈妈得到了限量版口红，是否很痛快地愿意分享给别人，在孩子眼里，他喜欢的玩具的珍贵性不亚于新款手机和限量款口红。因此，在孩子不愿意与其他人分享的时候，家长不要轻易给孩子贴上"小气""自私"的标签，而是要换位思考、理解孩子、积极引导，要理解孩子对玩具或许不只是兴趣，也许存在着更重要的意义。如果引导后，孩子实在不愿意分享，也要尊重孩子的意愿，毕竟物权意识也是孩子需要掌握的课程。

作为父母，要精心浇灌孩子这棵小树苗，引导他们、尊重他们、爱护他们，最重要的是让孩子在分享过程中体会到快乐，在分享中提高孩子乐于助人的优秀品质。

非暴力沟通，小暴君是招不来朋友的

你是不是也很头疼孩子小的时候特别容易和小伙伴发生争执，而且一不留神就推搡起来，挂彩也是常有的事。不是玩滑梯时的排队问题，就是争抢玩具问题。总之，就是那些在成人看来不起眼的小事，在孩子的世界里却能随时点燃一场"战火"。

其实，究其根源是孩子与同伴产生矛盾和冲突时，不善于用语言进行沟通，于是他们选择了最简单粗暴的方式，就是举起拳头表达自己的态度。长此以往，很多父母都担心自己的孩子以后会变成校园"小暴君"，长大后变成问题少年。

轩轩又被请家长了。这已经是轩轩的妈妈第三次被老师叫到幼儿园了，原因和前两次也差不多。轩轩和小朋友争夺玩具，把小朋友的脸抓破了，被抓的小朋友哇哇大哭，而轩轩气鼓鼓地站在一旁仿佛自己也受了委屈。

回到家后，轩轩妈妈开始反思自己，平时与孩子的沟通太少了。上一次老师请家长，她想惩罚轩轩，于是就让他进小黑屋反省，把他吓得大哭，结果轩轩并没有真正意识到问题所在。这一次，她决定与孩子进行深入沟通。轩轩妈妈和爸爸商量之后，决定采取角色扮演的方式引导轩轩。

爸爸对轩轩说："轩轩，你觉得今天是谁做错了？"轩轩昂着头说："当然是图图错了，他抢我的玩具，还打不过我，只会哇哇哭！""好，那现在假设爸爸是你，你是图图，让妈妈看看谁错了，好不好？""好！"轩轩答道。

"你不许碰我的小汽车，放下！"爸爸模仿轩轩的口吻说道。

"不，我就不，我要玩儿。"轩轩学着同学图图的样子。

"拿来！"爸爸学着轩轩上手去抢。

于是，轩轩学着图图的样子去推爸爸，爸爸也轻轻推了一下轩轩，轩轩随即摔倒在地，哭了起来。

爸爸说道："看到了吗，轩轩，爸爸把你推倒了，你是不是很疼、很难过？其实，不管你有什么想法，都可以用语言去沟通，而不能简单地使用暴力，只有野蛮粗鲁的人才习惯用武力解决问题，轩轩想做野蛮的人吗？"轩轩哭着摇了摇头。爸爸接着说："而且，你说图图打不过你，你很得意，那是因为图图比你小一岁，你看你不是也打不过爸爸吗？你的强大不应该成为你欺负别人的工具，当你强大时，要保护别人、爱护别人，就像爸爸妈妈会保护你一样。现在，爸爸告诉你正确的处理方式。"

爸爸模仿着轩轩的口气，说道："图图，这是我的小汽车，你想玩儿吗？但是，现在我想拿回来一下，因为我想要组建一个车队，咱们一起玩儿吧！"

"你看这样说，是不是会让人舒服很多，当你脾气暴躁的时候，会吓走朋友的，明天去跟图图道歉，然后把小汽车送给他做礼物好不好？"轩轩听了爸爸的话，点了点头。

这场风波很快平息了，过了一段时间，老师反馈轩轩改变特别大，愿意帮助同学了，也乐于用语言和小朋友交流了。

美国生物学家斯佩里博士曾说过："我们每个人最终都会说话，但这项能力必须通过后天的培养。"也就是说，对于低龄的孩子而言，如果没有通过正确的方式培养，他们是无法快速且恰当地掌握这些能力的。如果无法用语言表达，那么他们就会不自觉地通过动手来表达或解决。那么，总用暴力解决问题的孩子，大家都会对他避而远之，那孩子在集体中就容易被孤立。因此，父母们教孩子学会正确的沟通方式、学会处理问题和矛盾，这是整体教育中非常重要的一环，也是让孩子健康成长的必备要素。

同时，我们还要时刻提醒自己，孩子就是父母的一面镜子，父母沟通和处理问题的方式直接影响到他。现实中，许多父母在处理问题时，往往比较急躁，当孩子犯了错误，就采取罚站、关小黑屋，甚至鸡毛满天飞直接开打……这些方式在家长看来是最严厉的惩罚，对孩子而言往往不知道自己到底错在哪里，只是觉得委屈、害怕，并没有真正意识到问题所在。还有的父母直接采取"冷暴力"，不理孩子、忽视孩子，甚至讽刺打击，这些都不利于孩子的成长。

那么，当孩子们之间发生肢体冲突时，父母该如何引导呢？

首先，父母必须要明确指出，暴力沟通这种行为是不对的。然后，我们还要进一步去了解事情的缘由，如果自己的孩子做错了，要让孩子给被打的同学道歉；如果孩子受了委屈，被欺负后不得不用拳头来反抗对方，父母要告诉孩子懂得保护自己是好事，但不能用暴力的手段，受到欺负后，可以告诉老师或家长来寻求帮助。

有人说，好好说话是人世间最大的善良。孩子的沟通能力要从小开始培养，每个孩子都是可塑之才。当孩子出现问题的时候，父母不能一味地指责或惩罚，而应该积极与孩子沟通，寻找妥善解决问题的方法，情景模拟也是不错的方式。作为父母，我们平时通过自己的言行不断影响孩子，夫妻之间互敬互爱，对孩子严厉却不失关心，宠爱而不放纵，帮助孩子远离暴力沟通，让孩子拥有更多关系和谐的朋友。

我们要让孩子明白，遇到问题第一时间要冷静下来，思考如何解决问题，而不是挥舞拳头；我们也要克制好自己的情绪，对孩子成长中的问题减少言语嘲讽、否定、指责，更不要用武力去镇压孩子，要让我们的孩子在平等、安全的生活环境中，建立和谐的社交关系。

第九章
刻意练习，这个世界上从来
没有一蹴而就

　　这个世界上没有一蹴而就的成功，所有的成功都是在不断的练习中一步步找到感觉的，这是一个刻意为之的过程，也是一个在练习中不断探索发现的过程。或许起初，这对于一个孩子来说太过于枯燥，但只要他用心地去尝试和发现，就一定会因此成为一个如他心目中所期待的更完美的自己。

深入领域，这世界没有做不到的专业

我不知道为什么，总觉得自己家的孩子做什么事情都畏首畏尾的，别的孩子踏入一个领域都很自然，但是他不是。尽管我们积极鼓励他去参与一些自己喜欢的事情，他却总是在关键时刻往后退，脸上总是挂着一副不自信的样子。问及原因，他告诉我们说："总觉得自己什么都不擅长，没有一样是拿得出手的，如果就这样堂而皇之地过去了，肯定是要丢人的。"可这样老担心丢人也不是办法，倘若不能感受深入领域的成就感，我真担心他以后什么都做不成，毕竟自信心是需要一步步培养的，谁都是从不会到会，谁都不是上来水平就那么专业的。尽管我们尽量鼓励说服孩子，他最终还是摆出一副胆怯无助的样子，急得我真不知道怎么办好了。

或许很多父母都曾经面临过这样的问题，孩子学东西总是不自信，面对挑战时，总会选择退缩，害怕出丑而不敢深入，担心一时之间的不擅长而精神涣散，结果时间长了，那种兑现自我兴趣的憧憬感一过去，整个人就变得越发失去自信，觉得自己什么都做不好、什么都不想做，每天浑浑噩噩，内心希望的小太阳也被遮住了。眼看别人一个个往前冲，自己却在后面徘徊来、溜达去，那种意志消沉的小模样也着实够可怜的。

究竟问题出在哪儿呢？曾经有一个孩子直言不讳地说："我真的没想到深入一个领域是那么难，起初我觉得挺有意思的，但深入下去就会感觉备受打击，很多自己搞不清楚的事情层出不穷地来轰炸我，而且更有压力的是，你会看到身边的人都做得游刃有余，那种被自己本家打败的感觉实在是太痛苦了。我真不知道为什么别人玩儿着就能完成的事情，自己做起来就那么费劲。时间一长，自己就没有了底气，想到自己坚持下去还要不断丢人，就真的没有勇气继续下去了。"

孩子之所以在领域上不能深入，很可能并不是因为自己不喜欢，而是坚持不住自己心中的那点儿小完美主义，想到自己喜欢的事情无法顷刻间做到完美，那种内在的恐惧感就开始在他们的小意识里说悄悄话："反正做也做不好，做不完美又何必那么努力呢？"结果就这样，喜欢的事情成了烦恼，明明是值得骄傲的事也不能在人前显耀，没有舞台的成就感，有的只有无尽烦恼。这样的问题，其实并不仅仅是孩子的困扰，成年人的世界也经常会出现同样的问题。很多人会因为入门难的问题而遭遇强大的挫败感，然后一蹶不振，开始不断考虑要不要放弃。对于这样的问题，作为父母的我们，应该理解孩子的感受，帮助他们突破自己认知的瓶颈，带着一种正常的心态去面对这个问题。

冬冬今年 6 岁了，前段时间，他迷上了钢琴的旋律，吵着说自己梦想着要有一架钢琴。妈妈觉得这是件好事，于是拿出自己三个月的工资，很快兑现了孩子的梦想。可是，钢琴到手以后，冬冬的学习却没有那么顺利。尽管老师很认真耐心地辅导他，但是他还是因为没有弹出自己喜欢的曲子，所以想要选择放弃。可是钱都花了，哪有不学的道理！于是，妈妈每天敦促冬冬继续学习，冬冬却觉得学琴成了自己生命中最大的煎熬，当初那种对钢琴的热爱和憧憬已经荡然无存了。面对冬冬一脸无助痛苦的样子，妈妈也觉得很糟心："当初吵着要学的是你，现在不想学的也是你，来来回回花费这么大成本，钱是这么好赚的吗？"每当面对妈妈这样的质问，冬冬总会很难过地低下头，他对妈妈说："可能我就不是学钢琴的料，别人弹得都很好，但到我这里完全不是这么回事儿，我真的没法坚持下去了！"

面对冬冬这样畏难的情绪，妈妈决定好好跟冬冬谈谈。她拿出五线谱，坐在冬冬旁边说："冬冬你看，钢琴虽然弹出的曲子很多但都是从五条线上开始的，它的跳跃、旋律的编撰，其实从一开始都是简单而纯粹的，每个键有每个键的发音，连贯起来就连接成了一段唯美的旋律。你触碰一个键的时候，不会觉得有多难，但想把这些键串联起来，那就是熟能生巧的事情了。把困难的事情想得简单一些，从最简单的基础做起，谁也不是一蹴而就就能在琴键上飞跃的，这个世界上没有天才，即便有，他也是从这五条线即琴键的第一步开始的。所以，不要有什么心理负担，不管做得好还是不好，首先要让自己有勇气坐在钢琴面前，它曾经是你的期待，曾经是你想要玩儿转的乐趣，而事实上，妈妈并没有要求你一定要怎么人前显贵，至少现在我们不需要，你只需要坐在钢琴面前，面对你的老师和你的练习就好了。外面没有别人，只有你自己，这是你与钢琴的相处时间，你要克服自己的心理压力，我相信它会教会你很多东西。"

听了妈妈的话，冬冬眼泪快要流出来，他告诉妈妈自己学琴有多么不顺利，他不知道自己为什么就玩儿不转眼前的这个玩意儿，但是既然今天妈妈跟自己说了，他会兑现第一个承诺，就是每天下午两点的时候，会主动地坐在钢琴前听老师给他上课，然后努力去记住老师教会自己的每一个技巧和所要弹奏的曲子，至于质量如何，他会尽可能做到放松和最好。

经过一段时间的努力，冬冬逐渐养成了每天下午两点练琴的习惯，不管老师在还是不在，他都会准时坐在钢琴前面，即便是弹出来的曲子没有想象中的完美，他也会在妈妈的鼓励下练习两个小时。就这样，渐渐地，他发现了自己的进步，他的手指头越来越灵活了，慢慢地，他弹曲子的时候找到了弹琴的感觉，再去看五线谱的时候，也不再那么手足无措了。

其实，想要深入一个领域并没有那么困难，只不过是在自己该出现的时候力争做到准时出现，在特定的时间专注认真地对待好眼前的课题，不必在意它呈现的是好是坏，也不要让刻苦的努力把自己折磨得狼狈不堪，一切成功都是一个自然的过程。或许此时我们只需要告诉孩子："相信时间是最好的验证者，不要停下前进的步伐。"相信随着时间的推移，他们自然会找到属于自己的感觉，并融入心流，并使得自己专业特质的创造力奔腾地涌动出来。

培养孩子在不擅长领域有信心

很多孩子都有一个通病，他们总是愿意在自己擅长的事情上花费更多的时间，但只要面对自己不擅长的事情，就会选择退缩，形成自我保护屏障，因为他们觉得花费精力在这些事情上是极其痛苦的，找不到乐趣所在，也找不到成就感，时间一分一秒过去，自己在分分秒秒地挣扎着，于是内心惊呼："天啊！为什么一定让我做这件事，难道你们都要看我出丑吗？"面对这样的事，很多父母也很头疼。当今时代的竞争如此激烈，学校的学科也很丰富，并不是每一个科目都是孩子喜欢的，但是如果只做自己喜欢的，忽视那些不喜欢的，虽然擅长的事情越做越好，但不擅长的事情肯定会给自己拖后腿，一旦在这些问题上失去耐力，不管是面对竞争还是对于孩子自我的身心成长来说，都会是一个不容小觑的问题。

曾经就有一个家长说："我的孩子从小就偏科，从来都是文科老师的办公室一片好评，理科老师的办公室一片怒吼。长此下去，我真的不知道该怎么办！作为父母，我也试图想要和他好好谈谈，结果这小子一脸不屑地说：'我才不要在自己不擅长的事情上浪费时间呢！'我怎么说他都不听，真要把人急死了。"其实这样的事情，很多父母都感同身受，只是怎么也摆不平孩子那股面对自我不擅长的别扭劲儿。其实这事儿也可以理解，人只有在自己感兴趣而且擅长的事情上才能得到成就感，分泌幸福的多巴胺，从而一步步朝着更深入的领域探索。倘若这个时候，遇到的事情是一件自己不擅长且不感兴趣的，那么很可能与它相处的几分钟都是备受折磨，内心也是无比地煎熬。

从不擅长到擅长是需要一个过程的，谁也不是天生就是某一个领域的天才，想要扩大自我成长的发展范围，就需要学会经历这种循序渐进的过程。这也就意味着我们要说服孩子暂时性地和自己的痛苦待在一起，并在痛苦中不断观察，寻找到一些将痛苦转化为乐趣的方法和途径。曾经有一位教授说："其实很多时候，人生面对的事情都是很枯燥的，尤其是面对自己不擅长事情的时候更是如此，但是至少我们可以做到一件事，那就是把无趣的过程尽可能做到有意思。当我们能够带着一些感兴趣的态度去经历这一切的时候，说不定下一秒，智慧之门就会向我们彻底敞开。"

京京今年7岁，上学的其他成绩都很好，只是英语成绩很差，为此他觉得，每天面对英语课本都是一种煎熬，从中找不到任何的乐趣。可是英语是学校学习科目中很重要的一门课程，眼看它总是给自己拖后腿，自己却觉得努力也是浪费时间，那种痛不欲生的感觉，用京京自己的话讲："实在是太扎心了！"

因为英语成绩的问题，京京没少让父母揪心，他们时不时地就会接到学校英语老师的电话，说京京这次又考了一个年级倒数，再这样下去，小学毕业都要有个大污点了。起初父母也跟京京谈过："京京你那么聪明，我相信你一定能把英语学好。"京京也信誓旦旦地说："嗯，你们放心吧！我一定努力学习英语。"结果刚说完，下一秒就不是他了，英语作业被扔到了一边儿，别说背单词，就连看都懒得看一眼。与这样痛苦的学科相比，他宁愿每天沉浸在无尽的数学世界。那是一片无比有趣的乐土，倘若这个时候有谁让他学习英语，他会瞬间觉得五雷轰顶，眼前浮现出英语老师可怕的面孔，感觉噩梦马上就要降临了。

针对这个问题，京京的妈妈和爸爸进行了一次有效沟通，他们认为京京之所以不喜欢英语是他没有找到擅长这一学科的成就感，他们决定用自己的方式充实孩子的成就感。于是，他们找来京京对他说："以后咱们家每到周日，都玩儿英语单词接龙游戏，谁接得最好，谁就有一份精美的礼品，如果京京做得好，爸爸妈妈就兑现京京的一个愿望，不管是出去玩儿，还是去吃任何美食。"听了这话，京京觉得确实有点儿诱惑力，可是他的英语成绩实在太差了，究竟怎么才能拿到那份心仪的奖品呢？

这时妈妈又说了："我相信京京是可以学好英语的，只是方法上还没有找到窍门，其实英语单词真的很好玩儿，比如妈妈当年背单词鸡蛋的时候，就记忆深刻，'egg'，那时候我忍不住扑哧一下就笑出来，原来鸡蛋是当爱哥哥简称'爱哥'，结果这个单词一辈子再也没忘。爸爸妈妈和你一起玩儿单词游戏，我们一起一边儿看单词一边讲故事，把这些接龙的单词提前搞定，这样京京在周末接龙大会上就胜利在望了。"听了妈妈的话，京京舒展笑容，那种面对英语课本的抵触也没那么明显了。

于是，爸爸妈妈每天抽出一个小时，带着京京一起复习单词，跟他针对单词的发音、拼写创造自己的背诵方式方法，编撰自己的记忆故事，很快京京便找到了窍门，就连拼写也比以前更为精准了。第一次家庭单词拼写大会，他就很开心地吃到了麦当劳。看着在麦当劳吃得津津有味的京京，妈妈说道："其实京京并不是学不好英语，相反，还是英语天才，会运用自己的学习方法，让自己英语有飞快提升。"

就这样，京京的英语成绩开始稳步上升，无论是单词听写还是课文背诵都顺利通关，以至于英语老师都发出惊叹："京京，士别三日当刮目相看啊！"

这个世界上没有一蹴而就的擅长，只有从不擅长到擅长的过程，面对这个过程我们不需要害怕，在接受的过程中挖掘出自己的潜能，然后迈着轻松的步子，去不断体验寻觅学习方法的乐趣。其实，父母们都应该试着鼓励孩子去做一些自己不擅长的事情，那是一场极其富有挑战意义的勇敢者游戏，当他们克服了自己的胆怯和内心的不自信，当他们不再带着负面情绪勉强上路，即便是经历再多的困难和痛苦，这都是另一种创造力的开始，它无声无息，就这样在他们的坚持中结出果实。

打开自己的1万小时模式

现在很多朋友都在推荐一本畅销书，它的名字叫《刻意练习》，里面收集了一个经典的1万小时定律，大概意思是说，如果你愿意从一件自己并不专业的事情入手，坚持为之奋斗1万小时，你将成为这个领域最终专业的人才。只是这样的专业练就，着实需要耐性，究竟我们应该带着怎样的状态去经历这1万小时呢？又如何能够在这1万小时中寻找到属于自己的成就感呢？这才是自己付出时间成本有效兑现的核心所在。

对于一个孩子来说，你让他坐在那里待一个小时都很困难，想让他心甘情愿付出1万个小时成就一个领域的专业水准，除非他能够从中找到自己的兴趣，否则那简直比登天还难。曾经有一个孩子在听完1万小时定律以后喃喃说道："要用1万小时投入到一件不感兴趣的事情上，我宁愿去做一个1万小时睡觉专业户。"所以，光1万小时还不够，我们还要在1万小时中认清价值，让孩子心甘情愿地去投入，并从中找到全然沉浸的乐趣。在进行刻意练习的时候，我们不妨为孩子先准备几个问题，帮助他们厘清思路，这样他们在付出努力的时候才是精准的，而不是茫然的。那么我们究竟应该如何设计这套 1 万小时格局训练答卷呢？

1. 想清楚你为什么要经历这 1 万小时

就人生而言，时间分分秒秒都是宝贵的，1 万小时对于时间概念可以说是生命的一笔宝贵的财产，想要将这 1 万小时从有限的生命中拿出来，必须要有充分的理由。这个理由不是盲目的，而是有计划的。我们可以问问孩子，你真的喜欢这件事吗？你真的想要在这个领域成就专业水平吗？你真的热衷于做这件事吗？你真的决定坚持下去吗？你真的可以完善规划好自己的时间吗？有了这一系列的 YES 和 NO，他们心中就会形成一个完整的概念，知道自己 1 万小时的付出来之不易，也知道自己为什么要付出这 1 万小时，接下来采取行动的时候，对于眼前的分分秒秒都会秉持着珍惜的敬意。

2. 想清楚你该怎么运用这 1 万小时

同样是 1 万小时，别人真刀真枪，你却是在那里百无聊赖，如果采取这样的态度，即便是 2 万小时也根本达不到目的。对于这件事，我们必须要求孩子列出一个计划，比如你计划怎样运用这 1 万小时，把它分配到一年、两年中的每一天，而每一天规划出的行动清单是什么样子的。首先，在每一天中，你将针对这个领域完善好哪方面的练习；然后，将这一切一一罗列下来，形成自己每一天的初步计划，当清单上的每一条都逐一被落实到位时，孩子就会惊喜地发现自己距离自己伟大的目标真的越来越近了。

3. 认真优化好 1 万小时历程中的细节

其实，1 万小时看起来很长，但用起来也是需要节奏感的。有些时候，它就好像翻山，平坡的时候一天都顺利，上山的路上却要历经艰难的爬坡，而当自己越发熟练的时候，就会发现，原来下山的时候，同样需要小心翼翼，否则一不小心，自己付出的努力很可能会付之东流。因此，对待时间分配，在进行设计的时候，我们要帮助孩子精准地进行优化，今天任务完成得不困难，需要的时间可以少一些，明天挑战很严峻，花费的时间可能多一些，再后面越来越快了，我们就要花时间精雕细琢，力求做到更进一步的完美。这就好比一场自己与自己的游戏，在不断的挑战与自我突破中体验到不一样的惊喜和快乐。

其实，对于1万小时定律，每个人都有每个人的开启模式，我们只希望为孩子塑造刻意练习概念的过程中，能够让他们尽可能地寻找到乐趣、尽可能地放松、尽可能地全然沉浸。这样，他们就会带着童真的眼睛去寻觅到其中神秘的宝藏，不管是方法，还是一种晋级模式，不论是以一个小小的成绩感，还是一次勇敢试错的经验，都会让孩子在这个过程中积累宝贵的经验。不断晋升自己的能力和格局，这或许是他们人生旅程中最有效的行动艺术。掌握了其中的要领和方法，想成就一个更完美的自己，对于他们而言，也就应该算不上一件多困难的事情了。

学会反复模仿的艺术

　　曾经有一个孩子对妈妈说："妈妈，我特别羡慕那些跳现代舞的人，他们每一个舞姿都那么富有创造力，我真不知道他们是怎么驾驭这一切的、舞是怎么编出来的，总觉得一切都那么地舒展自然，好像天生的舞者可以随性地在舞台上用舞蹈表达自己的情感，以至于我这么小小的一个人，坐在台下都为之感动了。我也好想像他们一样，可是不知道为什么，每当我穿好舞鞋站在练功房的时候，那种创造力的渴望负累着我，因为我的动作很笨拙，一点儿都不自然，更不要说什么创造力，这让我很难过，你说我还能够成为跟他们一样的舞者吗？"

　　其实，这样类似的事情，对于父母来说也比较常见，孩子毕竟是孩子，没学会走路的时候，就想要去奔跑，因为奔跑让他们感觉更有创造力。可是，饭要一口一口吃，谁都是先学着别人的样子去拿汤勺，然后才知道该怎么更熟练地把它送到自己嘴里的。面对这件事，作为父母，我们不需要让孩子那么着急，与其急着想要创造，不如先踏实打好基础，并且跟领域中的精英不断地学习、模仿、感受和领悟，在不断研习的过程中，激发孩子的创造力和灵感。

乐乐是一个篮球爱好者，他很想成为团队中的主力，但是教练却总把他当成替补队员，每到团队一起去打比赛的时候，别的队员都热身上场，他却始终在距离观众席位不远的地方坐冷板凳，这让他一度深陷痛苦，觉得自己表现太差了，不配做篮球选手。

有一次，教练带着全体队员去打比赛，乐乐又是冷板凳从头坐到尾，连一个上场的机会都没有。他用眼睛扫视看台，发现爸爸妈妈正坐在那里期待地朝赛场上张望。这个时候，他的眼泪就再也忍不住地夺眶而出。经历了这次痛苦的经历，乐乐一度想要放弃成为篮球选手的梦想，这时候妈妈把他拉到一边说："乐乐为什么要放弃呢？""教练说我的三分球不准，和队员的配合度不佳，我可能真的就不适合打篮球，他们一个个都那么有实力有创造力，但是我……我真的很难过。"听了乐乐的话，妈妈拍了拍他的头说："乐乐，你的个子可以说算队里最高的，最高就是最有潜力的象征，至于技术嘛，妈妈以前也是个篮球迷，迷的就是 NBA 篮球队员科比，他那时候也坐过很长时间的冷板凳，一度不被人看好，但是他始终没有停下努力的脚步，而是不断模仿着心中篮球明星投篮的样子。他每天很早就起来，一天要模仿篮球明星做上千次投篮的动作，最终才获得神投手的美誉。每当有人问他的时候，他总是会骄傲地说：'没有几个人看过凌晨 4 点多的洛杉矶，但是我每天都能看到，我从那一刻起就开始练习了。'所以儿子，不要放弃，如果那是你的理想的话。你可以刻意地观察队友、观察自己心中的明星偶像，学习他们的动作，不断刻意练习，相信经过一段时间的努力，你就会有所进步，并能爆发出前所未有的能量气场。"

听了妈妈的话，乐乐点点头，他每天和妈妈一起看 NBA 篮球比赛的明星实况录像，模仿对方的投篮技巧，不断在篮球场上刻意练习。经过一段时间汗水的挥洒，他的投篮技术越来越精准了。直到有一天，他终于获得了上场比赛的机会。乐乐的表现顿时让教练眼前一亮，他惊喜地对乐乐说："哇！现在的乐乐，可跟以前的乐乐截然不同了。我感受到了你在场上的创造力，发挥得太棒了，教练为你鼓掌。"

其实，人生的每一次成功并非一种直接创造力的体现，而是一个不断在模仿中巩固的过程。这是一门艺术，也是人生历程中最难能可贵的学问。领域偶像的价值就在于，他的经历可以成为我们成长中最好的借鉴，我们可以不断了解他、学习他、模仿他，最终成为他那样优秀的人，而当你尝试着踏在巨人肩膀上前行的时候，不仅意识中狂热的创造力会油然而生，还会从中体验到灵感自然舒展的喜悦和快感，成功的源泉就在这一刻会喷涌而出。作为父母，我们都知道，会有这一天的到来，但前提是，我们需要作为坚强后盾，源源不断地给予他们真诚的激励，陪他们度过模仿艺术最富有挑战性的时期。当他们灵活的小翅膀越发羽翼丰满的时候，他们就会发现，原来当初一系列的模仿、一系列的磨炼都是有价值的。他们获得成就的同时，也会懂得感恩生命中一切努力的付出。

让练习经得起推敲

很多孩子在做一件事的时候很有灵性，尽管是在陌生的领域，那些新鲜尝试的过程，他们也能模仿出二三的样子，而往往这个时候，他们就会骄傲自满，觉得一切已经大功告成了，结果没三两下就开始盲目自大，虽说最后能将就着说得过去，但是从整体来看技术欠佳。

对于孩子最初的表现力来说，做得再好也只能说方向是对的，但是真的论到细致，那还有很长远的路要走。很多孩子在做事情的细节上都经不起推敲，他们总觉得自己很聪明，不需要再精打细磨，以至于真到了关键时刻，做起事情来总是频繁出错，不是这里有了一个小马虎，就是那里收尾不到家。长此以往，就会变得做事不靠谱。

其实，这就需要对孩子内在心性的培养，粗犷的线条打磨好了，就要从更小的细节出发，小事成就大事，细节成就完美，只有每一个环节都做到无可挑剔，才能成就大无畏的工匠精神。只要有了这种毅力和精神，无论以后从事什么样的职业，都有可能成为行业中最富有专业特质的人。行为是习惯的基础，习惯又作用于行动，行为可以直接影响性格，可以说，性格决定人生，所以要想培养好孩子的性格，使其幸福一生，父母们要学会重视孩子成长中的细节培养。

皮皮已经是小学五年级的学生了，他最擅长的就是作文，虽然每次作文文笔出色，老师却总是对他细节的表现力不断摇头，原因就在于，他总是会出现错别字、标点符号错位的问题。于是，老师几次打电话给皮皮的父母，让他们帮助皮皮改掉这个粗心大意的毛病。

看了皮皮的作文，一段话里，竟然出现了 5 个错别字，妈妈的眉毛都紧皱起来，她把皮皮拉到一边说："儿子你这是怎么了？这么有灵性的文章，为什么一定要在细节上丢分呢？太可惜了！"皮皮一边摸着脑袋一边说："其实，我也不知道怎么回事，我只顾着创作，错别字上就疏忽大意了，其实我觉得这也没什么，只要把文章写好就行了。"听了这话，妈妈长舒了一口气，对皮皮说："皮皮，你未来的伟大理想是不是想成为一个作家？""那当然了，不然这么努力干什么！"皮皮说道。"那妈妈给你讲个故事吧！"妈妈说道，"就讲妈妈自己的故事。""什么故事？"皮皮好奇地问。

"妈妈刚到编辑部的时候，只是一个不起眼的小职员，当时大学刚毕业，编辑部给我的安排就是写文章。其实就写文章这件事，妈妈是不怕的，但最害怕的就是要去面对那个不苟言笑的老主编。那个老太太做什么事情都特别认真，说话也很刻薄。妈妈曾经一度特别记恨她，总觉得她是没事儿找事儿，一个标点符号错了，都会标出来让我重改半天。当时我就想：'你能精准到连一个标点符号都不错吗？'哎，还真说着了，人家就是一个错别字没有、一个标点符号都不错，十几年了，都是零差错写作，从来都让人挑不出半点儿毛病。我问她到底怎么做到的，她面无表情地对我说：'年轻人，如果你每天上点儿心，这样的事儿是很容易做到的。'于是，我就开始在她的魔鬼式敦促中反复地磨炼，一篇文章写完后反复检查好几遍。后来，经过了几个月的磨合，最终她的脸上绽放了笑容：'你还是很有潜力的哦！写作是个精细活儿，对路还得到位才行。'所以，皮皮你觉得成为作家，就光文章写得好、有创造力就行了吗？如果你这样的稿件放在了这样一个老太太手里，三下五除二就被打回来了，那样的挫败感是你之后根本无法承受的。你现在还小，正好可以不断地反复练习，让自己在细节上不要出错误。这是一个刻意练习的过程，也是作为作家的基本功。如果你把这件事做好了，我相信加上我们家皮皮的才华，成为作家那是迟早的事儿。"

听了妈妈的话，皮皮觉得妈妈说得很有道理，他重重地点点头，以后写作文的时候，对细节问题确实用心多了。

做事方向很重要，细节更重要。不论做任何事情，都是一个由简到细的过程，大的线条有了，后续的每一个小细节如果出错都可能会出现"一着不慎，满盘皆输"的场景。对待这样的问题，最核心的方法就是培养自己的细致精神。这也是一个刻意练习的过程，也可能经历一段漫长且痛苦的阶段。"细节决定成败"讲的就是细节能决定事件的走向和结果。家庭教育也一样，它的广泛性、融合性、情感性、深刻性更多地体现在日常生活中的细微之处，培养孩子从细节做起，也是好习惯养成的基础，将使孩子受益终身。

第十章
专注力，所有的正念都是历练出来的

其实，专注地做一件事并不容易，但专注却可以让一个人体验到心无旁骛做一件事的快乐和喜悦。它会成为穿透成就感的动力，在正念的作用下排除干扰、熠熠生辉。而对于孩子来说，我们需要帮他们将专注训练成一种能力，它将陪伴他们走上一段很长的路，体验成功所经历的风景，也体验正念带给他们的强大力量。

让思维成为一把锐利的宝剑

很多父母都说自己家的孩子缺乏专注力，明明在做一件事，大脑里却在想着别的事情，超负荷地运转以后，当下的事情做得怎么样？自己在干什么？早已云里雾里了。时间一长，大脑就有了惯性走偏的问题，课堂上老师讲课，脑海中却在闪现着玄幻动画片，听课时一耳朵听、一耳朵冒，坐在那里看起来很专注，其实脑海中浮现的都是各种影像，这也就是为什么很多老师反映孩子其实上课很乖、看起来很努力，但一到考试就考砸的原因。

基于这件事，相关机构也对适龄孩子进行过问卷调查，发现他们多多少少都存在类似的问题和毛病。有的孩子说："我不知道为什么，每次做事情的时候，脑海中都会想东想西，一些根本与所做事情无关的东西会瞬间进入我的脑海，明明是在做题，脑子里却想着昨天的玩具，或者看到有人经过瞬间被吸引，甚至上学路上的广告牌都顷刻间显现在自己的意识里，以至于最终精神开始涣散，不知道怎么处理眼前的一切，只觉得时间一点点过去，自己的思绪却还是不能专注。这种感觉就好像是神游，我不知道它是什么时候开始的，但结束的时候，总是突然意识到时间已经过去了大半，而这大半段时间自己究竟在干什么，想了些什么东西，我自己都不知道，别说那是一件有意思的事情，但其实也挺痛苦的。"

孩子这样的经历，我们大人也频繁遇到，有些时候不知道怎么，越是想要专注身心，脑子里的思绪就越是凌乱。我们不明白此时的大脑究竟在经历着怎样的恶作剧，但是它确实打扰到我们的意识，也影响到我们专注的决策力和执行力。事实上，清朗的大脑本不该是这样的，面对专注力的选择，它会自然地将能量凝聚在最重要的事情上。这就好比一把锋利的刀子，在切东西的时候单刀直入、一举命中，根本不用花费太多的力气。可事实上，我们大多数人的脑子并没有这样健康运转的状态，因为所要切割的东西太多，以至于我们手里的刀子上残留了很多阻碍我们大脑发挥的东西。最终，刀子变得越来越迟钝，我们的思维也开始变得凌乱而缓慢。究其原因，不仅仅只有一条，但既然它发生在了孩子身上，就不得不引起父母的注意了。那么究竟是什么原因引起的呢？

1. 接收的信息太过庞杂

现在的孩子接收信息的渠道实在太宽广了，小到手里的手机，大到外面的闭路电视，所有的地方都包裹着信息的轰炸，抢占着他们的眼球，一旦这些内容进入他们的视野，这些脆弱的小脑袋就会被动地开始接收信息。其实，就大脑而言，我们每天都会被迫接收很多内容和信息，有些我们意识到了，有些没有意识到，接收的过程就是产生电的过程，这些能量需要一点点被消化，一旦出现消化不良的情况，我们的意识就会凌乱，以至于最终对眼前简简单单的一件小事都不能保持良好的专注力了。对于这样的问题，父母首先要开启绿色屏障，为孩子尽可能地屏蔽掉那些刺激眼球的无用信息，尤其是在生活中，很多家长为了省事，也或许是为了让孩子开拓视野、增加其与外界的联系，一个手机、一台平板电脑直接拿给孩子，殊不知，广袤的网络世界却让毫无抵抗力的幼小心灵就此深入其中无法自拔，从而影响了青少年的身心健康成长。互联网被称为"双刃剑"，网上既有鲜花，也有陷阱，家长要利用好网络，培养孩子的发散思维，让他们在这个宝库中汲取更多营养。

2. 无法冷却凌乱的思维

当凌乱的思维产生，很多孩子都不能对这一切加以良好的控制，以至于有些孩子说："那种感觉就像被电击一样，一个念想接着另一个念想，以至于整个脑袋都开始发蒙和发麻，实在是太痛苦了。"其实面对这样的情况，最有效的方式就是让自己的大脑冷却下来，我们可以教会幼小的孩子通过屏气凝神、呼吸和自我观察等方式，使得自己清醒的意识与凌乱的思绪之间形成间隙，然后安然地平息自己的思想和情绪，静静地看着这一切逐渐远去。这既是一个自我冷却的过程，也是一个有效处理凌乱内部空间的过程。作为父母，我们需要帮助孩子找到相应的方法，防止这样凌乱的状态更进一步延续。

3. 专注力把握失控

有些孩子出现专注力问题，源自他们内心的欲望实在太过于复杂，因为接收的信息多，想的自然也多，所以做一件事情时脑海中不自觉在想着、运作着好几件事情，比如有些孩子一边听着歌写作业，一边有一搭没一搭地看手机，这样的状态看上去很悠闲，其实脑海中早已经被诸多凌乱的内容占据，作业写得不知所云不说，那些进入自己大脑的内容，即便是有意地消化，也需要好长的时间。因此，在这个问题上，作为父母，我们一定要抑制住孩子专注力失控的问题，及时优化好他们的时间，让他们做好每一天的清单和计划，在规定的时间，做最正确的事情。只有这样，孩子的思绪才不至于陷入凌乱，其专注力才能更顺畅地重新回归轨道。

由此看来，大脑的思维想要保持专注力，最核心的部分就是及时对它所接收到的信息内容进行清理，有些不适宜孩子接收的内容应该及早被屏蔽，对于那些凌乱的思绪，也要帮助孩子第一时间找到解决问题的方式和方法。这并不是一个小问题，它关乎到孩子今后乃至一生的成长和发展。作为父母，我们一定要提起高度重视，不要等到孩子形成惯性的时候，才开始下意识地采取措施。生活中最难把握的是固有的习惯，一旦大脑的惯性产生，再想要重新树立新的运营模式，可真的就要花费一番心思了。

一心正念其实也没有那么难

前段时间，朋友的儿子突然问妈妈这样一个问题："妈妈，如何才能做到一心正念？这件事感觉真的很难。"于是她问："究竟有多难？"孩子回答："难得想起来就想东想西。"孩子的世界之所以经常是一地鸡毛，主要原因就在于他们面对诱惑的时候不能自持，想东想西想了一身的不是，最后搞得自己的生活凌乱不堪。很多时候我们发现，他们一会儿忙这个，一会儿忙那个，再一会儿又不知道干什么去了，所有的事情几乎都只干了不到一半，然后就将啃了一口的香蕉一脸不屑地扔在了垃圾堆，至于何时把这些烂摊子收拾起来，真是要等到猴年马月了。

于是不禁要问，一心正念真的有这么难吗？其实也不是，所谓的一心正念，无外乎是放下不该做的事情，去做一件真正该做的事情。这个世界上不该做的事情很多，不着急做的事情也很多。作为一个孩子，他可能根本就分不清楚什么是重要又很紧急的事，什么是不重要不紧急的，所以任凭自己的感觉来，忙了一天，你看他真的很努力，结果做的都不是多么重要的事情，这算不上一心正念，而是无用功。

那究竟该怎么办呢？答案很简单，想要真正意义上做到专注，就要把事情分清主次，什么是最重要的、什么是不重要的。其实这件事始终是有象限的，它们分别是紧急又重要的事情，它紧急但不重要的事情，不紧急却很重要的事情，不紧急也不重要的事情。如果孩子能够有效地将这四部分分清楚，那么解决一心正念的问题就不那么困难了。

1. 紧急又重要的事情

因为紧急又重要，所以排在首位，是最需要也最迫切解决的事情。值得一个人花费最直接的时间成本和精力成本认真去完成，也许过程会艰难，也许要花费更多时间和精力，但是必须为之投入。于是，在这个投入过程中，我们必须屏气凝神，拿出最大限度的专注力和空白时间来解决它。只有解决了，内在的压力才会降低，紧急的迫切感才能真正得到舒展，后有追兵的感觉也自然就会跟着消失了。

2. 紧急但不重要的事情

它可能不是特别需要技术性的事情，甚至是可以不用花费太多脑力成本的事情，这样的事情看起来很紧急，但论到重要性，其实意义并不大。因为它存在紧急的属性，所以可以把它分配到自己精力相对薄弱的时候，在轻松氛围下有效率地完成，这时候自己也是相对专注的，但状态可以是相对轻松的。我们可以在这个时间段，不那么刻意要求孩子秉持强大的压力，而是尽可能平等对待就好。

3. 不紧急却很重要的事情

比如刻意练习、强化一门科目或学习一项技能，这些都不是一蹴而就的，而是需要长时间的努力。在这个过程中，孩子既可以找到放松前行的感觉，又可以拥有较有成就的心流体验。他们可以从中源源不断地找到成就感和前行的乐趣，在特定的时间段全然沉浸其中，因为没那么紧急，所以可以拿出一天不那么紧急的大部分时间来灵活地安排自己，完全沉浸在专注力的自我锻炼之中。

4. 不紧急也不重要的事情

这样的事情基本上都是生活中的一些很零碎的小事情，既不需要动脑子，也不需要花费太多的精力。对于这样的事情，不妨采用零碎的时间，阶段性地练习自己的专注力，比如五分钟内集中精力回复一下同学，快速完成一幅简单拼图，再不然就干脆给自己几分钟，看看自己究竟能不能百分百专注地读完一篇一千字以内的文章。这些都是非常有趣的练习，也并不困难，孩子会在其中体验到非常强大的成就感，感觉自己的专注力在不断上升，整个思维也变得清明而不混乱了。

由此看来，做到一心正念其实也没有那么困难，主要是先把自己的时间分类、精力分类，将所有事情的主次分清楚，这是完善好自我管理的第一步，然后循序渐进地练习可以与自己的专注力相处的事情。这是一个不断深化的过程，也是一个极其简单的日常小项目，把日常的这些小项目搞定，从最简单、最重要的事情入手，孩子一定会惊奇地发现，原来想要正念满满，竟也可以来得如此轻松容易。

感觉被干扰了怎么办

中国有句古话叫作："两耳不闻窗外事，一心只读圣贤书。"意思就是把干扰视为空气，任凭外面天塌地陷，自己仍旧稳坐"钓鱼台"不被外在力量影响。具有这样的专注力是非常值得敬佩的，但也是不容易做到的。很多孩子都说自己做事情的时候，总是有意无意地受到各种各样的干扰，比如本来想认真地写作业，隔壁父母的电视机却哇啦哇啦地响个不停；本来自己准备饶有兴趣地学习一个东西，却耐不住身边的人关切的话语太多，整个心情都变得不美丽了。于是，本来计划得好好的，就因为半路出来干扰的"程咬金"，一下子推动不下去了。这怎么办好呢？孩子面对这些事一头雾水，作为大人的我们是不是时常也觉得不知所措呢？

老实说，干扰是一件难受的事情，想要做到一边被干扰一边很专注就更不容易了。我们需要说服孩子，下意识地对此坚持采取练习的方式，学会适应或是以更好的方式与干扰相处。

小海是一个很努力的孩子，但他的耳朵实在太敏感了，外面发出一点儿声音他都能听得清清楚楚，以至于自己在屋里专注做事的时候总是受到干扰。倘若写作业的时候，外面爸爸妈妈的电视机声音或聊天的声音稍微大一点儿，他的整个情绪就会受到影响，甚至动不动就会产生咆哮的念头。他觉得拥有这样的耳朵实在太无助了，但自己也不知道怎么摆平干扰给自己带来的影响。

有一天，他又因为同学在自己身边聊天受到干扰而大动肝火，这搞得原本挺好的朋友关系也变得紧张起来。他很无助地向妈妈哭诉自己的痛苦经历，告诉妈妈说："其实我也不想这样，但是我真的受不了怎么办？"妈妈听了以后笑笑说："小海现在对自己的专注力有要求，这是一件相当不错的事情，只不过我们不可能盲目地要求外面的世界作出改变，相比于改变别人，更容易改变的是我们自己。""那我怎么改变呢？"小海问道。"嗯，其实也不难，就是挑出时间练习一下，比如每天拿出一个小时，就在相对受干扰的境遇下，做一件需要专注力完成的事情，你可以看一本书、写一篇短文或者思考一个问题，总而言之，外面的干扰就是存在，但是你却完全可以尝试着驾驭自己，即便是在情绪咆哮的时候，行动力也没有停下来。"妈妈回答。"这听起来确实挺难的，那真的是煎熬啊！"小海说道。"所以才需要花费特定的时间，有计划地进行练习啊！"妈妈说，"你不希望以后，别人拿干扰你这件事做砝码，源源不断地让你忍受精神折磨吧？"听了这个建议小海还是很犹豫，因为他知道，即便是一个小时，这一个小时也过得太痛苦了。

这时候，妈妈对小海说："孩子你知道老虎伍兹吗？著名的高尔夫球冠军。在一般人看来，高尔夫球是一项专注力超强的运动，但是每到比赛的时候，看台上的观众总是特别地喧闹。这个时候，老虎伍兹怎么办了呢？他每天都在家继续练球，而且要求爸爸放着大喇叭朝着他咆哮，他一边忍受干扰，一边锻炼自己打球的专注力。最终，别的球员都出现问题了，可是他脸上却始终云淡风轻，什么问题都没有。所以宝贝，专注力是练出来的，这个世界上很多人都在受到干扰，但并不是所有人都对它束手无策。你需要锻炼自己成为对它有办法的人，而不是盲目地只知道抱怨，我说得对吗？"

听了妈妈的话，小海点点头。从那天起，他在妈妈的陪伴下锻炼自己的专注力。每天专门抽出一个小时，妈妈在旁边饶有兴致地看电视，旁若无人，他却带着一副苦相在那里阅读一本书。一个小时以后，妈妈会抽查他看书的质量，然后一边聆听一边鼓励，从来不带有任何批评的色彩。慢慢地，小海的专注力得到了锻炼，从最初的想要咆哮到变得情绪安定下来，再后来，他终于可以在妈妈看电视仰天大笑的时候，仍然可以津津有味地把自己的书看完。

对孩子来说，专注力是一项影响他们性格、未来人生的重要能力。专注力培养不是一日练就的，而是需要持之以恒地去塑造。首先，父母要为孩子建立一个时间表，定时定点完成制订好的计划；然后，孩子在专心做事的时候，父母不要打扰，也不要过度地关心，不要一会儿问渴不渴，一会儿又问是不是该吃饭……随着经济条件的发展，父母会给孩子买很多玩具，但过多的玩具会分散孩子的兴趣和创造力，要学会克制自己的关心，保护孩子的这种专注力。另外，我们还可以利用一些科学的方法进行专注力培养，比如说：图像记忆法、复述词语法、数数法……总之，父母要逐步地、耐心地培养孩子的专注力，并以身作则。不仅仅是专注力，日常在教育孩子的时候，家长们都应该注意孩子行为习惯与各种能力的培养。

练习专注力是一项痛并快乐的过程，在这个过程中，会遇到很多问题，情绪会面临自然的走失状态，脑袋可能也会瞬间不听使唤了。只要孩子能静下心来，下意识地将自己的注意力收回来，就会发现，即便在特大干扰面前，自己依然可以带着平稳的态势，坚持完成自己想做的一切。它可以是细致的，可以变得越发精细，即便遭遇再多的轰炸和质疑，脑海中除了眼前的这件事已经再没有别的。如果一个孩子能够在这个过程中找到全然沉浸的快乐，相信不管今后的人生旅途中遇到什么，他都不再会是那个容易被干扰打败的人了。

一个目标和多个目标

每到假期来临，孩子们心里都有很多很多的计划，精进的孩子会有很多学习的计划，调皮的孩子会有很多玩儿的计划。不管计划里有什么，一个最核心的弊病就是，他们总是会因为这样那样的原因完不成计划，即便是很认真地贯彻自己的设计，也会产生一种力不从心的感觉，以至于最终觉得："我已经尽力了，怎么时间还是不够用？究竟问题出在哪儿呢？"

针对这个问题，相关机构曾经对话过很多同龄的孩子，最终得出的结论是，一天的时间真的有限，他们设置的目标实在太多了。目标一多，兑现每一个目标的时间就会缩短，看上去整个日程设计都很紧凑，其实没有一件事情能做好，还让自己身心疲惫。

曾经有一个孩子问自己的老师："老师，为什么我的时间总不够用呢？"老师说："天啊！孩子你怎么这么努力？告诉我你一天都做了什么？"孩子说："我花了一个小时看书、一个小时踢足球、一个小时学习弹钢琴、一个小时练习英语、一个小时……"孩子说了很多规划，而且特别有自信。老师听了以后，一脸疲惫地说："孩子，听了你的规划，老师脑袋都快炸了，你一天究竟要干多少事情？都按计划完成了吗？""结果是，我还没尽兴就已经结束了，然后我开始投入到下一件事，但是脑子里还想着前一件事，这样的状态实在太折磨人了，可是我就是想干这些事，我不知道问题出在哪里。"老师听了以后，说："那你一天究竟规定自己要完成多少事呢？"孩子扒拉着手指头数了半天，说："好像得有16件事吧！"老师听了以后哭笑不得地说："孩子你真努力啊！老师计算了一下，如果你每天早上6点起床晚上10点睡觉，你所能主宰的时间也不过16个小时，有限的16个小时，还要做16件事情，难怪你会这么累。""那怎么解决呢？"孩子问，"我想做的事情实在太多了！""挑出一件最想做的事情，"老师说道，"把它定义为自己一天最重要的核心目标，然后再定两个不会导致自己过分疲累的小目标。一天16个小时，只需要完成三个目标，这样的状态就不会感到紧张，你也能把这三件事做得有模有样，感受到从中带来的无尽乐趣。"看到孩子一脸懵懂的样子，老师摸摸他的头说："兴趣爱好多不要紧，我们可以一点点地兑现，最重要的是，每一天人的时间有限，我们最起码先要让自己在经历的时候做到尽兴。你知道著名的作家福楼拜的一天怎么规划的吗？正因为他对自己生活专注地规划，最终才促使他成为文坛历史上最璀璨的作家。""怎么规划的？"孩子好奇地问。"他用自己早上起来以后的4个小时看书写作，用自己下午完整的4个小时看书写作，用自己晚上完整的4个小时看书写作，而他练就了自己最擅长的事情——写作。然后，他就成功了。所以，一天之中专注做好一件事，已经是难能可贵的事情。"

一天的计划安排得太满，整个过程就会深陷到紧张和不进行的沮丧中。从科学理论来说，我们大脑的模式是十分固定的，想要从一件事转化到另外一件事，并找回自己的专注力的话，每件事至少需要花费25分钟的时间，才能重新找到自己的心流状态，随后当自己想要结束一件事情的时候，还要花费25分钟才能完成脱离状态。如果规划的事情太多，一件事情都仅仅花费一个小时的话，就等于说自己对于每件事用在起始和脱离这两件事情上的时间就已经有50分钟，中间的10分钟刚刚找到感觉，心流状态就遭遇停滞了。这是一种多么痛苦的人生体验，倘若这种体验在生命中一天重复16次，不但自己的做事质量受到影响，从心理状态上也可以说是备受摧残。与其这样，还不如选出一个大板块的时间，专心致志地做一件自己喜欢的事情，可以暂时忘记所花费的时间成本、全然沉浸、全然专注，反而能把事情做到最好。

由此可见，想让孩子们保持强大的专注力，就需要帮助他们更好地优化自己的时间和精力，这是一个自我管理的过程，将有限的时间投入到自己认为最重要的事情上，享受与这件事共处的时光，全然感受心流体验给予自己的成就感，那将是一件多么享受的事情！人生是需要带着享受感一步步走向成功的，倘若当下的规划设计已经足够让孩子经历疲劳和受罪，那么不如看看问题究竟出在哪里。倘若父母可以带着孩子找出原因，换种方式经营自己的生活，帮助他们打造一个全新的生活状态和自我运营模式，毫无疑问，这对他们未来的发展是非常有帮助的。

多给自己两分钟，把专注力收回来

童年是人生中最活泼的时期，很小的一件事就足可以让孩子兴奋一整天，结果真到需要付出注意力的时候，却发现自己刚才在外面疯玩儿的感觉却怎么也刹不住闸了。曾经有一位家长就抱怨说："你说现在的孩子，不让他出去和朋友玩儿也不现实，可是玩儿完回来以后整个人就不在状态了，想把他摁下来安静几分钟都很困难。眼看着这小家伙儿已经忘乎所以，声调变得很高，浑身上下兴奋得冒汗，作为家长，真不知道该怎么安抚他的情绪。有些时候，实在不行就把他骂一顿，让他彻底冷却自己的情绪，但这对孩子的心理发展是很不利的，眼看着他在疯玩儿以后注意力涣散，作为父母你说究竟还有什么招数啊！"

其实，这样的事情真的实在太多了，比如两个孩子坐在一起写作业，没一会儿的工夫就把作业扔一边，干起别的"事业"来了。看着他们一会儿嘻嘻哈哈、一会儿打打闹闹，等到时间过去很久作业还是没写完。作为父母，此时心情估计快要跟火山爆发一样喷出来了。其实，对于这样的事情，父母一昧地批评或责骂根本达不到目的，反而会抑制了孩子本有的自然天性。那么究竟应该怎么解决这个问题呢？核心就是要教会他们处理浮躁的方法，也就是说，即便是经历了愉悦的疯玩儿状态，也可以在最短的时间把自己的心神收回来。一旦孩子掌握了其中的智慧心法，父母再一点点地指引他们按照方法去做，一切诸如此类的烦恼就会紧跟着迎刃而解。

田田今年已经8岁了，他有一件特别困惑的事情，就是每次进行完体育运动以后，自己的心就跟长了草一样怎么也安静不下来，可是他又那么地喜欢足球运动，他是学校足球队的主力，每天除了日常的学习上课以外，他计划将自己所有的时间都投入到这项运动。结果可想而知，田田总是在经历运动以后，对学习心不在焉，根本无法致力于自己的学习。用他的感觉来说："就是身体浮躁得冒汗，每一个细胞都是那么的活跃，整个意识还存留在足球场中，小心脏也存续着足球运动的节奏。就这样，坐在课桌前，感觉自己一个多小时都不能平静下来，可等到自己真正平静下来的时候，却发现时间已经过去，自己什么都做不了了。"

类似的事情也发生在田田的同学波波身上，他的问题，是当自己全然沉浸的一件事情完结以后，每到准备开启另一件事情的时候，却发现自己怎么也改变不了状态，另一件事已经开启了半个多小时，自己脑海中始终都还是上一件事情的影子。就这样，时间延续到了一个多小时，白白流逝了，自己却怎么也无法从第二件事上找到专注的成就感。针对这样的问题，他们两个找到了自己的老师，希望她能够帮助自己摆脱眼前的痛苦。

看着两个孩子苦不堪言的状态，老师提出了几点建议：

1. 在做完一件事情以后，尝试着放空自己

适度休息 15 分钟，可以允许自己无所事事一回，将眼睛平静地望向窗外或是放上舒缓的音乐，不去考虑下一件事该怎么做，也不去考虑上一件事是怎么完成的。当大脑在减压后回归舒适感，心跳也会逐渐稳定下来，这样就可以很好地把自己的心收回来。等到确定此时的自己情绪稳定舒畅以后，再去尝试下一件事的运作。

2. 学会深呼吸法

当一件事完结以后，所携带的思绪还在那里进行着，这是一件再正常不过的事情。这时候，就可以闭上眼睛、静静地深深吸气、缓慢地呼气，让大脑里的思绪随着自己的一呼一吸悄然倾吐出来，这样身心就会很快恢

复平静，思绪也不会变得繁乱而没有章法。如此连续几次以后，身心就会立刻恢复安静，那些琐碎的大脑思绪也会跟着消解了。

3. 在做完第一件事以后，如果可能，不妨尝试做一件技术含量不高的事情找回自己的状态

比如，今天进行了体育锻炼，情绪和状态感觉不稳定，那就不如先抛开下一件重要的事情，先花15分钟看一本对自己代入感不是特别强烈的书，让自己通过阅读的方式一点点地将思绪平静下来。这样既可以稳定心智，又不至于给自己后来要做的事情带来太大的影响和负担。进行如此有效的训练，时间长了对稳定自身情绪是很有帮助的。

听了老师的话，两个孩子真的很认真地在自己的家里进行练习，结果他们惊讶地发现，自己终于可以有效地驾驭那种思维情绪凌乱的问题了。

由此可见，要想做到专注力回归也并不是件特别困难的事情，只需要父母帮助孩子把握住其中的一些小细节，完善好自己的方法进程，就可以很轻松地解决自己注意力不集中的问题。因此，别给自己找借口，这个世界上没有什么痛苦不可以通过方法解决。之所以痛苦在延续，是因为方法还没找到，而父母的义务就是源源不断地开发孩子的潜能，和他们一起面对问题寻找方法，这是一场非常有趣的探险旅程。只需要多给自己两分钟，说不定下一秒就会有不一样的惊喜呈现。

第十一章
正面管教，让孩子拥有发展式的成长

　　生命是一个不断发展的过程，其间我们会体验很多得到和失去，也在所有的成败中自我选择和探险。也许这个世界并没有我们想要的完美，却因为这份缺失带给了我们无穷无尽的机会。对于孩子来说，人生的主动权始终应该把握在他们自己手里，而作为父母的我们，只需一点点地放开双手，带着开放的视角，陪伴他们一起成长。

不要被刻意的完美所负累

很多父母说，现在的孩子莫名地总要犯拖延症，明明事情就摆在那里，起先的愿景也很大，但到了做的时候，就会有那么两三只拖延的"猴子"跳出来，寻找各种各样的理由不去做。结果时间一分一秒地过去，该做的事情迟迟没有做。很多家长都觉得，这是一种惰性，总是以懒惰的议题去训斥孩子，而事实上，真相真的是这样吗？恐怕未必。

从心理学角度说，一个人之所以会对一件事物产生拖延，主要原因很可能并不是懒得去做，而是恐惧去做，他们始终觉得即便自己付出了努力，也未必能够兑现心中的那份美好。那种内在的完美主义促使他们停滞不前，因为不确定自己真的能够做到理想的样子，所以总是在那里犹犹豫豫地停滞不前。很多孩子之所以总是在那里慢条斯理没有动作，很可能就是受到了这样一种完美困境的局限，以至于最终对自己的能力产生了怀疑。他们渴望快速达到自己想达到的高度，却又对这种高度望而却步。这是直接导致他们对事物拖延的主要原因，也是他们最不愿意面对的问题。

曾经有一个孩子坦言说："我曾经梦想成为一个演讲家，每次面对舞台的时候，我都在想我应该以怎样的一种姿态演讲，在那里散发怎样的张力、我的表情是什么样的、我的语言风格是什么样的、我应该带有什么样的手势、怎样与台下的所有人眼神交流、我应该怎样调整好自己的妆容……这样场下所有的人将会被我感动，每一个环节都做到完美，高潮迭起，最终所有人都被我鼓舞了，他们站起身鼓起掌来，我是整个台上聚光灯下最耀眼的那一个。可是，当我真正决定要走上讲台尝试的时候，一切感觉却并不是那样。我发现我每一个细节都不能做到自己满意，而且时不时地，我会因为这种不满意而紧张，然后我的一切都看起来是那么不自然，以至于我自己开始怀疑，自己到底是不是演讲家这块料。从第一次尝试到现在，我也只上过这一次台。妈妈曾经鼓励我说：'你不是想成为演讲家吗？为什么不上台？'我说以后会有机会的，其实自己却总是面对这一切犹豫。我觉得即便我做了也做不到心中的完美，既然做不到还不如干脆不要做，否则就是一种丢人，这种丢人是我自己忍受不了的，所以我在考虑是不是要坚持，或者放弃可能是一种更好的选择吧！"

一个不是那么精彩的尝试却让一个孩子开始对自己心中的舞台徘徊不定，他们总是渴望自己如天才一般，站在那里就是完美的。这样的表现张力，可以说是世间稀有，即便是非常善于演讲的人，没有那么几年扎实的训练功底，也是很难做到的。

幽幽是一个可爱的女孩，今年小学三年级，她一直渴望成为学校合唱队的领唱，但是每到选拔的时候，她就会突然表情大变，害羞地躲到后面。老师觉得很奇怪，幽幽明明很漂亮、嗓子也很好，具备做领唱的潜力，为什么每次的表现都是这样呢？

出于关切，老师把这件事告诉了幽幽的父母，希望他们能够帮助幽幽解决这个心理问题。于是父母把幽幽拉到身边问："宝宝，为什么要这么害羞啊？"幽幽难过地说："有一次我们班里组织合唱，我很想当领唱，结果回家练习的时候，发现自己突然跑调了，这也许会成为合唱团里最大的笑柄和失误，我可能根本不适合做领唱，一旦我到时候唱歌出现和上次一样的问题，肯定会成为所有同学的笑料。我即便努力，也未必能够做到完美，与其这样，还不如就站在后面不要丢脸了。"

这时候，爸爸把幽幽拉到一边说："是吗？幽幽，给爸爸唱一遍，爸爸看你跑调跑到了什么水平。"于是，幽幽认真地给爸爸唱起歌来，悠扬的歌声十分具有穿透力，在整个房间的上空盘旋着，到了收尾的时候，幽幽鼓足勇气唱出了一个完美的高调。这让爸爸妈妈惊讶不已："哇！想不到我们的女儿唱歌这么好听！"这时候爸爸说："幽幽，你看不是唱得很好吗？""距离我心中的完美，还有很大的一步距离。"幽幽低下头不好意思地说。

看到女儿半忧郁的样子，爸爸对幽幽说："幽幽，这个世界上没有完美，只有尽善尽美。如果谁一步都能做到完美，那这个世界就太没有创造力了。所有的旋律千篇一律、感觉千篇一律，那还有什么意思呢！所以，你只需要不断改善自己、找对自己的感觉，你不必非得要完美，而一步步接近自己想要的，才是走在人生幸福路上最大的完美。"

听了爸爸的话，幽幽决定再也不迟疑，积极为自己的理想争取，勇于突破自我。最终她成功地成为校合唱团的领唱，实现了自己的梦想。

作为父母，我们要让孩子知道，这个世界的完美仅仅只是一种追求，而最务实的策略，就是让自己一步步地走向更好。面对自己的梦想，我们可以去改善，但没必要苛求那虚无缥缈的完美概念。与其被完美束缚，不如张开怀抱朝着自己的目标奔跑。当一个人终于放下了心中所有的负累，那被看成绝妙的表现就会迈着轻松的步伐，呈现在他的生命里，成为他本人最真实的存在。

时时刻刻，你都站在舞台上

很多孩子在正式场合表现得一本正经，但只要在没人的地方，就会变成另外的样子。这导致他们总在众目睽睽的关键时刻掉链子，明明自己心里想得很好，但因为角色转换不过来，就会呈现出一种很糟糕的状态。这其实不仅仅是父母的烦恼，也是他们自己的痛苦所在。

曾经有一个孩子痛苦地说："其实，我很想在人前成为一个非常得体的绅士，但是不知道为什么自己总是在关键时刻发挥失常，不是这里不对，就是那里不对。总而言之，让人觉得我很做作，根本不像其他人那般自然流露。其实，长时间以来我付出了很多的努力，但是不知道为什么我就是做不到。我总是觉得自己在出错，以至于面对人生舞台的时候，都没有那么自信了。"后来，经过有关机构人员的细心观察发现，这个孩子之所以在关键的时候优秀不起来，主要原因在于他没有把优秀当成自己的习惯，他只是希望自己能够优秀一段时间，却不是一种优秀的持续，每到觉得自己放松的时候，对自己的角色把握就开始不管不顾，一味地放任，瞬间将那个理想的绅士打回原形。所以，每当他想成为绅士的时候，那另外一个自己就在身体里捣乱。他对绅士的感觉不是没有概念，只是习惯尚未养成，惯性总是会有意无意地促使他找回那个放纵的印记。这确实不是什么好的感觉，尤其是在获得聚光灯青睐的时候，更是如此。

作为成年人，我们都知道"人生如戏，戏如人生"的道理，每个人的一生中都会扮演很多角色，从父母的孩子到孩子的父母，从一个优秀的学生到一个优秀的员工，从一个真诚的知己到一个可以信任的爱人。人的一生因为这一系列的角色而得到逐步升华，它让我们拥有了更美好的自己，也让我们看清了我们自己存在于他人群体中的价值。而作为孩子，他们与所有人一样，始终都站在自己的舞台上。他们有自己的角色，是演员、是编剧、是剧务，也是导演。这件事本不需要有多少人关注，因为他们本身就是自己的观众。自己做得好还是不好，不用我们说太多，他们自己就能看得很清楚。只是对于各种角色的诠释，他们尚未能够真正驾驭，很多孩子甚至对自己的角色没有要求，以至于每当站到舞台上的时候，自己的表现总是不尽如人意。这严重影响到了他们的信心，但究竟该怎么做呢？也许这时候，作为父母的我们，将会成为他们这段人生旅途中最好的老师。

念念今年 7 岁了，谈及理想，他说他想成为一个出色的演员，他说在舞台上被聚光灯照射的感觉实在太美好了，所有人的目光都凝聚在他的身上，那将是一个何等辉煌的时刻，那注定将会让他的生命充满力量。

可是怎样才能实现自己的愿望呢？老实说，念念对这件事根本没有概念。在学校的他算不上优秀，很多时候都是别人可以轻松超越的对象。他的举手投足也丝毫看不出演员的样子，经常是略显笨拙的，算不上轻巧的。更可悲的是，这种感觉成了班级里所有同学对他的统一评价，以至于每当他说出自己梦想的时候，所有同学都会嘲笑他说："就你还想当演员呢？做什么梦呢！"

很显然，念念对此很难过，他想他再也实现不了自己的梦想了。妈妈看到念念状态不对，便把他拉到一边问："念念到底怎么了？"于是，念念便把自己的痛苦告诉了妈妈。妈妈听了以后说："念念，你知道问题出在哪儿吗？"念念摇摇头，一脸懵懂地看着妈妈。"你的问题就在于，你总觉得聚光灯下的舞台才是舞台，而事实上念念的每一天都站在自己的舞台上呢！聚光灯从来没有离开你，你是自己最好的观众，也是自己最好的演员，你希望怎样在那个舞台上诠释自己，就要随时随地在自己真实生命的舞台上诠释自己。常言说得好，"台上一分钟，台下十年功"，想要成为出色的演员，就要每天对自己生命中的每一个细节加以练习。你看那些出色的演员，在没有成名之前，不知道要锻炼自己多少次，简简单单的一个小动作和小细节，就不知道重复了多少回。这一切都是心血，也都是获得成功的必经之路。唯有你时时刻刻站在自己生命的舞台上，你心中的那个舞台才能一点点地来到你身边。所以孩子，努力扮演好你每一个角色吧！生活中的一切都是你精彩的演绎，你可以不断将每一个细节深化、将每一个动作做到尽善尽美，你可以在其中不断思考、摆正每一个不正确的姿势和陋习，这样你距离成功就不远了。"

听了妈妈的话，念念终于明白了一个道理，原来自己始终都站在自己的舞台上，舞台是那么大、那么宽，没有人可以干涉和抗拒，只不过自己却一直没有意识到罢了。

人生命中的每一分、每一秒都是自己在生命舞台上的诠释，每个人都可以在尽善尽美中拥有最美好的状态，不论是寻求超越，还是酝酿出一种与众不同的特质，只要经历了这个无形舞台的训练，都可以让自己散发出别具一格的光彩。而对于孩子，我们要告诉他们，虽然他们现在还是小小的人，却始终都有一个很大很大的舞台，他们始终都站在舞台上，人生的每一步都是在锻炼、磨砺出最好的自己，珍惜每一个上天赐予的角色，理想的那片天空始终都会与自己如影随形。

看看能给别人带来多少价值

"我昨天只不过是让聪聪等我几分钟的时间，但是他就是不等我。"

"你说小美借我洋娃娃玩儿一会儿怎么了？"

"不就是一块钱吗？他为什么那么吝啬？"

作为父母，你可能经常会听到家中的小家伙会这样有意无意地抱怨，他们总觉得别人欠他们的，总觉得别人应该理所当然地给予他们帮助。就好像现在站在他们面前的父母，只要他们需要，就会毫无理由地伸出援助之手，只要是自己能够办到的，基本上都会责无旁贷。

作为家长，我们始终想要给孩子最好的呵护，甚至有些时候根本不会在意他们的需求合不合理。我们会很自然地为他们着想，根本不会在意做了这些事将要得到怎样的回报。然而，现实的社会却不是这样，以至于有人在经历一番磨砺后，感慨地说出这样的话："世界这么大，不是谁都像你妈一样惯着你。你给不了别人价值，别人看都不会看你。"这话听起来很残酷，却是一个不争的事实。作为一个成年人，当我们面临社会的打磨和自我人生成长的时候，也同样会面临类似的考验。很多人的眼睛很现实，很多人的举止很挑剔，很多人戴着有色的眼镜，很多人一旦从你身上看不到价值，那种蔑视的眼神足可以杀伤一个柔弱的灵魂。我们可能并不打算让自己的孩子过早经历这些，但是倘若他们能够提前在意识中植根一些正确的观念，或许这会是他们自我成长旅途中最好的助力。

"老实说，我现在对待孩子的教育格局跟以前截然不同了。"一个7岁男孩的母亲这样说，"那天我听到孩子生气的摔门声，问及原因，是因为和同伴闹了别扭。孩子说他想要借玩儿同伴的玩具，可同伴说什么也不愿意。理由是，除非他能拿出自己的玩具作为交换，否则这件事就此免谈。可是对方想要的玩具对于儿子来说实在太珍贵了，一旦弄坏，他将心疼不已，于是两个人就发生了口角，最终竟然大打出手。儿子没好气地说：'不就是一个玩具嘛！有什么了不起的，以后休想再让我帮你做任何事情。'我听了这事儿以后开始觉得好笑，事后觉得有必要跟他探讨一个更深刻的问题。'别人为什么要听你的？'听到我问这个问题的时候，当时的他先是一愣，说：'这不是很正常的事情吗？'但我说：'如果你的索取为对方带不来任何价值，那对对方来说就相当于是一场无意义的损失。这事儿换成是我，我也不愿意。如果你强行为之，跟抢劫没有什么区别，但是你能够在赢得对方助力的同时，也给予对方一些富有价值的礼物，那很可能是与之前截然不同的结果。'听了我的话，他沉默了许久，而我也决定不再掩饰，现身说法地将大人世界里最现实的一面讲给他听。我说：'儿子，你知道大人世界里的朋友都是怎样成就的吗？虽然我们不怀疑感情的真挚，但很大程度上，任何人之所以在一起，都是为了相互成就，今天我为你提供了助力，给你带来了价值，下一次等到我需要的时候，别人才会考虑来帮助我，原因很简单，倘若这个时候他们忽略了我的价值，那么这份价值就会距离他们越来越远，而这份价值是他们需要的，所以他们才更愿意带着忠诚的心与我站在一起。'听了这话，儿子当时很受震撼，原来成人世界的友谊想要成就也并不是一件简单的事。我告诉他孩子的世界也是如此，如果你不确定给对方带来了价值，那也不要妄想别人会给予你什么。有句话说得好：想要别人怎么对你，就要先努力怎么对别人。这样别人才能感觉到你的重要，你越是重要，别人越是会愿意跟你在一起，因为你总是可以为他们提供其他人根本给不了的东西。"

这是一位母亲在网络留言板上的留言，虽然字里行间吐露的现实有些尖刻，但这也许是我们每个人现在和未来所必须经历的生活。作为孩子，可能他们还不懂自己为什么要这么做、究竟该怎么做，也不知道为什么别人不愿意为自己提供帮助，但是当他们转变过来逻辑，知道每一份助力都是用自身的价值去赢得的，他们的内心就会变得刚毅而富有智慧，今后的每一步也都会因此变得更加稳健、更加睿智。

因此，告诉孩子，不要总看着别人能给你什么，先看看自己能为别人带来什么。我们需要先成为一个有价值的组合体，在别人的眼中呈现出光，我们需要缜密的思想，拥有自己的能量，用心地经营自己，中肯而理性地向别人给予付出。只有这样，我们的付出和别人的给予才能有所平衡，才能源源不断地交到真挚的朋友。人生的路上少不了各取所需，让孩子早一点儿明白这个道理，放下那些想当然的概念，也许很快，他们便可以以更为谦卑的姿态面对自己的人生了。

小天使还是小魔鬼

"我真不知道我该怎么形容我的孩子。"一位8岁孩子的母亲说，"他有的时候调皮得可爱，有的时候就像是个发了狂的小魔鬼。他给我带来过快乐，也给我带来过灾难，那种莫名的突然袭击时常让我措手不及。老实说，我现在都开始害怕电话铃声，上班的时候都提心吊胆，生怕这个小家伙在学校又给我惹出什么祸来。我就不明白，是不是所有的父母都跟我一样累？身边住着一个小天使，同时也是一个小魔鬼。"

很多孩子都曾经经历过这样一个阶段，他们也不知道自己为什么就变得不听话了，或许是因为觉得无聊，想要赢得更多人的关注，所以时不时地展现出小天使和小魔鬼的双重性格。他们有时候很乖，对待谁都很讲道理，如果你这时候夸了他们，他们会特别满足地装下去，但是如果你这时候对他们的表现视而不见，小魔鬼就会一点点现出端倪，惹出的麻烦很可能会让你始料未及。

曾经有一个孩子就坦言："其实生活就是这样无趣，学习对我来说从来都算不上多么费劲儿的事儿，但是我却总觉得得不到别人的尊重和在意，所以我决定好好调教一下他们，把他们当成生活中的一个娱乐项目。我会在老师不注意的时候扔一个粉笔头，然后一本正经地拿着书，好像什么事情都没发生。毫无疑问，他觉得我是个好学生，根本不会干出这样的事情，于是带着怀疑的目光看向教室里的其他人。我就这样捕捉到了生命中的成就感，那种强大的喜悦无以言表。当然，我的娱乐项目还不仅如此，我还会把别人的东西放到另一个人的书包里，然后引着他们产生连接，看着他们打架，他们的争吵日趋白热化，却根本不知道到底怎么发生的这件事，这实在是太好笑了，一切都尽在我的掌控之中，一切都神不知鬼不觉。"于是，有人问他："你这不就成为小魔鬼了吗？"他摇摇头说："不！我经常是以班级的小天使名义出现，我跟身边的每一个同学关系都很好，是老师眼中的得意门生，班里只要有好事，肯定都少不了我。只是他们自己都不知道我另一个身份罢了，这种感觉实在是太过瘾了。"

听到这样的话，作为父母会不会觉得难以置信，但这样的事情却经常发生在孩子的校园生活里，很多孩子都把类似的行为当成生活的一种调剂，其主要原因就在于，他们渴望以天使和魔鬼的双重身份受到来自外界的更多关注。

小磊是一个学习很优秀的男孩，今年7岁，小小的他在奥数上显现出了超人的才华，在很多同学眼中，他确实是一个很出色的人。然而，他经常会在课堂上出现一些小状况，可糟糕的是，老师从来不会将怀疑的眼神看向他，而是看向教室里除他以外的任何人。

有一次，眼看奥数比赛在即，老师把所有的参赛选手叫到一起，开了一个"十全大补班"，所有的同学都在那里认真听课，唯独小磊无趣地在那里打着哈欠。看着作为老校长的数学老师讲得正有兴致，他突然在对方转过身去的时候发出了一个超级奇怪的声音，随后摆出一副若无其事的样子。老校长奇怪地回头张望，发现所有的学生都坐在那里认真听讲，并没有谁刻意捣乱，于是他便转过头继续讲课。没想到这时，又从天而降一个粉笔头，精准地砸到了他的脑袋上。老校长又回过头，教室里还是一片宁静，丝毫没见任何动静。几次以后，校长终于忍不住了，他大发雷霆地问班里的学生是谁干的，如果不说出来今天谁都别想下课。结果同学一致将手指指向了小磊，而小磊依然一脸淡定地面对同学的指认。

于是，校长气愤地给小磊的妈妈打电话，说："如果你的儿子再这么不像话的话，就取消他的参赛资格。"这可把小磊的妈妈急坏了，她把小磊揪回了家，问他为什么要这么做。小磊一脸不屑地说："因为无聊啊！他讲得一点儿都不好玩儿。""那你就要用这样的方式搞事情吗？"妈妈问道，"小磊，这个世界上，面对自己不喜欢的事情，每个人都有各种各样的诠释，有些人诠释出来的是礼让和谦卑，有些人诠释出来的是愤怒和调戏。究竟哪种好、哪种不好，全部都在自己的选择之中。你可以选择做一个天使，也可以选择做一个魔鬼，但对于一个表里不如一的人来说，很难赢得别人的信任和认可。这就好比一个人的身体里住着两个截然不同的人，他们有时候会发生争执，但什么是对的、什么是错的，你自己本来就看得很清楚，用不着别人过多地诠释。也许天使的角色让你觉得很无趣，魔鬼的角色却觉得很过瘾，但是妈妈希望你对一个人的正确和错误做出选择。这是一种有担当的表现，也是对自己人生负责的态度。如果你总是在不该'魔鬼'出现的时候，让他出现，该'天使'存在的时候，却不让'天使'存在，那么我敢肯定，你会很快被别人发现和看穿，喜欢你的人会远离你。因为对于他们而言，你实在太危险，不知道下一秒就会创造出什么样的乱子，而别人也根本没必要为被你创造出来的乱子买单。"

听了妈妈的话，小磊明白了其中的道理，他对妈妈说："'天使'太累，'魔鬼'不对，但我还是努力做一个'小天使'好了。"

其实，是小天使还是小魔鬼，从来都是由孩子自己去选择的，也许有些时候他们表现得很糟糕，也许有些时候一切都是他们故意的，但是倘若我们将天使和魔鬼的选择权交到他们手里，那些所谓的是非善恶，其实根本都是不用我们教的。让他们有意识地去做小魔鬼的时候，他们往往只不过是在一些恶作剧上打转，倘若真的要迈向边界，他们内心的局促和不安，将伴随着道德界限在心中运转，这会自然地将他们的灵魂引领回归正轨。而我们要做的就是让孩子看清这个底线，看清跨越底线对自己意味着什么。当他们真的意识到其中的隐患时，便会很自觉地做出修正，而此时那个心境闪亮纯净的小天使就会瞬间顶替小魔鬼的位置，成为他们生命中最可爱的诠释了。

孩子，我把选择权留给你

　　孩子从七八岁就已经走向了人生旅途中的第一个叛逆期，他们虽然不是什么事情都能做主，但是总试图跟父母唱反调，他们希望有些事情是自己可以决定和把控的，这本来是一个人心智一步步走向成熟的征兆，却在父母的一再忽视下，成了他们不听话的罪证。父母一次次地用强制的方法妄图去控制，以至于最终导致孩子总是感觉自己浑身不自在，宛若生命没有任何选择的权利。

　　其实对待这件事，父母很多时候都是矛盾的，因为专制时间长了，孩子干脆就成了一个甩手掌柜。每当我们试图去锻炼他们的自主能力的时候，他们也只是淡淡地说："你做主好了。"或是一句："随便！"就轻松敷衍了事。这时候我们会觉得，这孩子怎么这么毫无主见呢？怎么对自己身边的决定都这么熟视无睹呢？其实细细想来，若不是他们习惯了父母的管辖，若不是父母之前事必躬亲，恐怕这样的习惯也是很难养成的。想要让孩子在格局上发生改变，想让他们真正能够以独立的思维进行思考，首先父母就要把选择的权利还给他们。当父母发现孩子可以自主地选择一些事情的时候，他们灵性的眼睛就会散发出光来，那种自己做主的喜悦会充斥他们的灵魂，而智慧的光会帮助他们去选择一条适合自己的道路。

　　津津今年 7 岁，是家中典型的调皮分子，他总是时不时地给父母闹出一些恶作剧，被问及原因，他总是一脸不屑地说："他们管的事儿太多，我就是要用这种方式告诉他们，那些招儿在我身上一点儿用处都没有。"听了津津的一番话，父母也对自己的管教方式进行了探讨和反思，终于有一天，他们告诉津津说："现在爸爸妈妈决定进行改变，你可以自主选择生活中的一些事情，包括你的学习和你写作业的时间。"

　　津津听了以后兴奋地说："是吗？那我就想晚上好好地看电视，白天起来再写作业。"爸爸听了以后说："可以啊，你可以晚上在家看电视，白天早上早点儿起来写作业，但要保证作业每一个项目都能达标。如果写不完，你要对自己的选择负责，如果作业温习不到家而影响了考试成绩，那你会付出代价，我们的双休日娱乐项目也会随之被取消。""行！没什么问题。"津津说道，"那从今天起，我就每天早上写作业了。"

　　于是，就这样，津津终于可以晚上撒欢儿地看电视了，然而，第二天早起的任务却非常艰巨，他坚持了不到一个星期，就感觉到了里面的问题，不但复习功课的时间不存在，就连写作业的时间都觉得很紧张，虽然每一次他都能将就着达到老师的要求，但迷迷糊糊的脑子早已经将作业的内容抛到九霄云外去了。最终，津津实在熬不过去了，他决定重新调整自己的时间，每天花一个小时看电视动画片，其余的时间还是晚上来完成作业。这样时间安排终于合适了，他不但可以每天睡一个安稳觉，学习成绩也丝毫没有受到影响。

于是，爸爸对妈妈说："你看，不用大吼大叫，咱们的儿子自己会在调整中做好决定，这本来都是他的事情，自然应该由他自己上心。"妈妈也点点头说："这样反而让咱们省心多了。"

很多时候，孩子之所以不配合，主要原因就在于其主动权始终在家长手里，哪里没有自由，哪里就有反抗，虽然他们还是一个孩子，但是那种做不了主的痛楚感，始终是不亚于成年人的。作为父母，如果我们想要让孩子更积极地配合自己，就要与孩子进行及时的沟通，告诉他们做这种选择会导致什么、做那种选择可能出现什么，但不管怎样，选择权始终都在孩子手里，父母要绝对支持孩子自己的选择，也要积极支持他们对自己的人生自主地作出设计。

其实，每个孩子都是自己前行路上的优化设计师，他们会在碰壁时很自然地掌握前进的角度，就好像在大海上前行的舵手，只要掌握了方向盘，就会自然对眼前的一切做出调整和转变。而作为父母，我们必须明白的是，这个世界上能够恒久陪伴孩子的人并不是我们，而是他们自己。我们需要帮助他们从小树立自己的决策观念，拥有那种能为自己做主的权利，我们需要把选择的权利交付给他们，然后静静陪在他们身边。毫无疑问，我们可以是他们前行的助力，可以是军师，可以是朋友，可以是共谋大事的伙伴，可以是引导作战的同伴，但唯独不要站在君王的位置统治他们，因为在这个世界上，每个人都是自己的王者。尽管眼下孩子还小，却足够有能力决定一些属于他们自己的事，而当他们渐渐长大的时候，这种自主的意识会慢慢变成一种优秀的习惯，成为充盈的羽翼，为他们一路前行的人生保驾护航。